TASTY
Das Original
**DIE GENIALE
JEDEN-TAG-KÜCHE**

TASTY
™

Das Original

DIE GENIALE JEDEN-TAG-KÜCHE

südwest

1. Auflage

© der deutschsprachigen Ausgabe 2020 by
Südwest Verlag, einem Unternehmen der
Verlagsgruppe Random House GmbH,
Neumarkter Straße 28, 81673 München

Die Originalausgabe erschien 2019 unter dem
Titel »Tasty Every Day« bei Clarkson Potter. *Tasty*
und *Einfach Tasty* sind Marken von BuzzFeed, Inc.

This translation published by arrangement with
Clarkson Potter/Publishers, an imprint of Random
House, a division of Penguin Random House LLC,
New York.

Hinweis

Redaktionsleitung: Dr. Harald Kämmerer

Projektleitung: Ann-Kathrin Kunz

Übersetzung: Dr. Ulrike Kretschmer

Redaktion & Satz: Matthias Liesendahl

Umschlaggestaltung für die deutschsprachige
Ausgabe: OH, JA! (www.oh-ja.com)
unter Verwendung eines Fotos von Lauren Volo.

Druck und Verarbeitung:
DZS Grafik d.o.o., Ljubljana

Printed in Slovenia

FSC
www.fsc.org

MIX
Papier aus verantwor-
tungsvollen Quellen
FSC® C106600

ISBN 978-3-517-09796-1

www.suedwest-verlag.de

Inhalt

Schnell, einfach – und unglaublich lecker!

Du hast wenig Zeit? Okay, wir machen es kurz. Beziehungsweise: *Du* machst es kurz. Uns von Tasty geht es darum, dass jede Mahlzeit ein Highlight wird, auch nach einem anstrengenden Arbeitstag, wenn die Couch mehr lockt als der Herd. Deshalb sind die Rezepte in diesem Buch nicht nur unglaublich lecker, sie sind auch noch unaufwendig und gehen schnell – echte Kochideen für jeden Tag, doch alles andere als alltäglich. Mit diesen 77 Rezepten, die wir mit deinem vollen Terminkalender im Hinterkopf kreiert haben, ist »im Handumdrehen auf dem Tisch« so köstlich wie noch nie.

In der Tasty-Küche zaubern wir nicht nur liebend gerne Desserts und Partyhäppchen, denen keiner widerstehen kann. Ebenso leidenschaftlich denken wir uns Rezepte für hungrige Pendler und in sozialen Berufen Engagierte aus, für jobbende Studenten, für Freizeitsportler, für viel beschäftigte Eltern, Schüler und Lehrer, für Leute mit Jobs und Nebenjobs – für alle eben, die Tag für Tag alle Hände voll zu tun haben. Ob du in der Küche nun schon versiert bist und einfach nur dein Repertoire erweitern willst oder als Kochneuling Antworten auf die ewige Frage »Was gibt's heute zu essen?« suchst – mit diesem Buch hast du alles Nötige für einen fan-tasty-schen Alltag an der Hand.

Genau auf dich zugeschnitten

Dieses Buch soll dir deinen Alltag spürbar erleichtern. Und so enthält es auch Kapitel für jede Lebenslage: Dir mangelt es nicht nur an Zeit, sondern auch an Zutaten und sauberen Töpfen?

Kein Problem! Wenn dir der Gedanke an eine Spüle voll dreckigem Geschirr den Appetit verdirbt, schlägst du einfach das Kapitel »Alles aus einem Topf« auf, und schon reduziert sich der Abwasch auf ein Minimum – der Geschmack allerdings nicht! Von Spaghetti mit karamellisierter Zitrone, Garnelen und Petersilie *(siehe S. 28)* bis Kinderleichtes Kartoffelcurry *(siehe S. 23)* sparen unsere »One-Pot-Wunder« Spülmittel und Nerven, gleichzeitig sind sie Wellness pur für die Geschmacksknospen. Du freust dich nach der Arbeit auf eine warme, tröstliche Mahlzeit? Dann ist der Schongarer deine Rettung, in dem sich Gerichte wie Toskanische Weiße-Bohnen-Suppe *(siehe S. 34)* praktisch von selbst kochen. Du willst das Beste aus deinem Multikocher herausholen? Dann sind Rezepte wie Schmorbraten mit Blumenkohlpüree *(siehe S. 46)* und Kichererbseneintopf mit Chili und Koriander *(siehe S. 49)* genau das Richtige für dich.

Wenn dein Vorratsschrank schon mal voller aussah, blätterst du am besten zum Kapitel »5 Zutaten (oder weniger)«, dessen Rezepte – beispielsweise Süßkartoffeln mit Grillhähnchenfüllung *(siehe S. 62)* oder Mac 'n' Cheese mit Blumenkohl *(siehe S. 61)* – maximalen Geschmack bei minimaler Zutatenliste versprechen. Und allen, die zum Kochen weniger Zeit aufwenden wollen als für die Entscheidung, was sie sich auf Netflix ansehen sollen, empfehlen wir das Kapitel »In 20 Minuten auf dem Tisch« mit Rezepten wie Nudelpfanne mit Rind und Brokkoli *(siehe S. 82)*, Vegane Fettuccine Alfredo *(siehe S. 83)* und Raffinierte Lammkoteletts mit Knusperkartoffeln und Minzsalat *(siehe S. 89)*.

Du isst gern exotisch, aber die vielen Essensbestellungen gehen allmählich ins Geld? Dann nimm die Sache mit den Rezepten aus dem Kapitel »Besser als der Lieferservice« doch selbst in die Hand und kreiere deine eigenen Kartoffel-Erbsen-Samosas *(siehe S. 92)* oder dein eigenes General Tsos Hühnchen *(siehe S. 111)*. Aber okay, okay: Manchmal ist nach einem langen Tag allein die Vorstellung, den Herd einzuschalten, ungefähr so reizvoll wie der Gedanke, sich Nahrung nach Art der Jäger und Sammler zu verschaffen, egal wie unaufwendig das Kochen auch sein mag. Deshalb gibt es ein ganzes Kapitel voller Rezepte, die komplett ohne Kochen auskommen, darunter Viererlei Avocadotoast *(siehe S. 122)* und Waldorfsalat mit Grillhähnchen und Curry *(siehe S. 124)*.

An einem einladend gedeckten Tisch zusammenzukommen, um gemeinsam ein toll gekochtes Essen zu genießen – das hört sich gut an! Aber seien wir ehrlich: Nicht selten schrumpfen die guten Vorsätze für ein gutes Abendessen vor dem Kühlschrank auf die Größe eines Bechers Joghurt, den man sich lustlos schnappt. Glücklicherweise gibt es für solche Situationen Bowls und andere Mahlzeiten »auf die Hand«; so sind etwa die Herzhafte Herbst-Bowl *(siehe S. 148)* und die Blätterteigtaschen mit Huhn, Brokkoli und Cheddar *(siehe S. 160)* die perfekte Lösung für Eilige. Köstliche Snacks und Süßes schließlich findest du im Kapitel »Zum Naschen«. Darin verraten wir dir, wie du deinen Joghurt mit Ahornsirup-Zimt-Studentenfutter *(siehe S. 178)* aufpeppen kannst oder ihn besser gleich durch Kokos-Chia-Pudding *(siehe S. 176)* ersetzt.

Jeder Tag ist anders, und aus diesem Grund haben wir ganz besonders viele solcher »anderen« Köstlichkeiten für dich zusammengestellt!

Vorbereitung ist alles

Wenn du schon ein Tasty-Fan bist (Hi! Wir sind auch Fans von dir!), weißt du bereits, dass wir Mahlzeiten mit Wow-Effekt wollen. Darüber hinaus kommt es uns aber auch auf Rezepte an, die für dich funktionieren – und zwar auch an Tagen, an denen du zum Kochen eigentlich überhaupt keine Zeit hast. Und dafür gibt es das wundervolle Konzept des *Meal Prep*, des Vorkochens oder Vorbereitens von Mahlzeiten. Wir haben viele Rezepte in diesem Buch nach diesem Konzept gestaltet, denn auch das wird dir den Alltag enorm erleichtern.

So beginnt jedes Kapitel mit Vorschlägen zum *Meal Prep*, d. h. mit einem Gericht, das sich vorkochen und mühelos in vier verschiedene Varianten abwandeln lässt – Vielseitigkeit in Perfektion! Aus den Zucchini-Parmesan-Küchlein *(siehe S. 76)* etwa lassen sich auf diese Weise im Handumdrehen vier weitere Mahlzeiten zaubern, die weder Zeit noch eine Unmenge an zusätzlichen Zutaten erfordern.

Nützliches Gerät

Wir von Tasty glauben nicht, dass du ein ganzes Arsenal an profitauglichen Küchengeräten brauchst, um richtig lecker zu kochen. Falls diese ohnehin schon in deiner Küche herumstehen – toll (apropos: Könnten wir uns mal kurz deinen Erdbeerentstieler ausleihen …?). Doch sei auch unbesorgt, wenn es an dieser Front eher schlecht bei dir aussieht. Du musst keinen Kredit aufnehmen (oder eine gefakte Hochzeitsliste bei deinem Lieblingshaushaltswarenladen auslegen), um deine Küche auszustatten. Einige wenige Geräte möchten wir dir aber dennoch wärmstens ans Herz legen, denn mit diesen lassen sich die Rezepte in diesem Buch noch schneller und einfacher umsetzen.

Schongarer: Solltest du an chronischem Zeitmangel leiden, wird sich dieser kleine Helfer ohne jeden Zweifel als unschätzbar wertvolle Anschaffung für dich erweisen – vor allem dann, wenn du schon ein Auge auf die Schongarer-

Rezepte in diesem Buch geworfen hast. Der Schongarer bereitet Gerichte langsam (d.h. bei niedrigen Temperaturen) und somit – du hast es wahrscheinlich geahnt – schonend zu. Was wir besonders an ihm lieben: Man stellt ihn ein und kann sich dann sorglos anderen Dingen widmen. Man muss noch nicht einmal zu Hause bleiben, während er die ganze Arbeit macht! Und das Allerbeste: Einen einfachen, aber durchaus funktionalen Schongarer bekommt man schon für rund 50 Euro.

Multikocher: Ähnlich wie die Tasty-Köche sind auch diese Geräte kulinarische Alleskönner. Während die einen (Multikocher, nicht Köche) über etwas mehr Schnickschnack verfügen als die anderen, sind die meisten in der Lage, sowohl als Schnellkochtopf als auch beim Dämpfen, Sautieren, scharfen Anbraten *und* Schongaren zum Einsatz zu kommen. Der Schnellkochtopf arbeitet mit Dampfdruck, der die Gerichte nicht nur schneller gar werden lässt, sondern auch mehr Flüssigkeit in das Kochgut presst. Einige Rezepte in diesem Buch werden auf diese Weise zubereitet. Wenn du gern Fleisch isst, das buchstäblich vom Knochen fällt, ist die Dampfdruckmethode *deine* Methode. Zudem eignet sie sich hervorragend zum Garen von Reis und Bohnen und sogar zum Hartkochen von Eiern. Wer könnte dazu also Nein sagen?

Allzweck-Küchenmesser: Wenn du vorhast, nur ein Messer zu kaufen, solltest du dich für dieses entscheiden, denn wie der Name schon sagt, ist das Allzweck-Küchenmesser wirklich für alle Zwecke geeignet, vom Gemüseschnippeln bis zum Tranchieren von Hühnchen. Es kostet zwischen 15 und mehreren Hundert Euro (kein Witz!), doch abgesehen vom Preis solltest du dich beim Kauf davon leiten lassen, wie dir das Messer in der Hand liegt. Wie fast immer im Leben kommt es auch hier auf die Balance an, und die testet man bei einem Küchenmesser dieser Größe (Klingenlänge etwa 20 Zentimeter), indem man es in die Hand nimmt und den Griff dann leicht lockert –

ein gut ausbalanciertes Messer kippt nicht sofort nach vorn weg.

Doch wie teuer und schick das Messer auch sein mag, wichtig ist vor allem eins: seine Schärfe. Es klingt vielleicht paradox, aber ein scharfes Messer ist viel sicherer als ein stumpfes. Es schneidet einfach präziser und rutscht nicht dauernd weg – schlimmstenfalls in deinen Finger hinein. Außerdem lässt sich mit einem scharfen Messer viel schneller schneiden. Schärfen lassen kannst du es in Haushaltswarengeschäften, die diesen Service anbieten, oder du kaufst dir gleich einen Schleifstein dazu.

Edelstahlreibe: Wer die Edelstahlreibe nur zum Reiben von Käse benutzt, tut dem erstaunlich vielseitigen Gerät wahrlich Unrecht, eignet es sich doch ebenso gut zum Zerkleinern von anderen Zutaten wie beispielsweise Ingwer oder Knoblauch. Und das geht dann auch noch viel schneller als mit dem Messer. (Kleiner Tipp am Rande: Wenn du den Ingwer im Gefrierfach aufbewahrst, lässt er sich noch leichter reiben.) Am besten legst du dir eine Standreibe zu, die ist viel stabiler als eine Handreibe.

Küchenzange: Dieses Gerät erleichtert praktisch jeden Zubereitungsschritt. Sieh die Küchenzange als kleineres (und hitzeunempfindlicheres) Paar Hände an, das dir bei so ziemlich allem hilft, sei es beim Wenden von Fleisch in der Pfanne, beim Vermengen von Nudeln oder auch beim Herunterangeln des Paprikapulvers vom höchsten Küchenregalbrett (okay, hier ist vor allem deine Geschicklichkeit gefragt). Achte beim Kauf darauf, dass die Zange im unteren Bereich einen gewellten Rand hat, denn der greift am besten.

Schmortopf: Der große Schmortopf besteht meist aus emailliertem Gusseisen und ist mit einem Deckel verschließbar. Besonders praktisch: Man kann den Topf sowohl auf den Herd als auch in den Ofen stellen, was in einigen Rezepten für die Zubereitung gleichermaßen erforderlich ist. Er eignet sich bestens für Eintöpfe, Suppen und Aufläufe (oder für Französisches

Chili mit Rotwein, Bacon und Perlzwiebeln, *siehe S. 27*) sowie zum Bräunen von Fleisch, zum Frittieren und selbst zum Brotbacken.

Gusseiserne Bratpfanne: Wir erachten gusseiserne Bratpfannen aus mehreren Gründen als unerlässlich in jeder Küche. Zum einen sind sie unglaublich robust – wenn du deine gusseiserne Bratpfanne gut behandelst, hält sie höchstwahrscheinlich dein Leben lang. Das bedeutet, dass du sie *nicht* mit einem Stahlschwamm schrubbst, sondern lediglich mit heißem Wasser und einer Bürste reinigst. Auf sehr verkrustete Stellen kannst du beim Reinigen auch etwas Meersalz geben. Trockne sie nach dem Reinigen gut ab, damit sie nicht rostet. Eine solche Pfanne eignet sich auch hervorragend für Gerichte »aus einem Topf«, da man sie vom Herd direkt in den Ofen befördern kann. Zudem baut sie durch die Fettschichten beim Kochen mit der Zeit eine eigene Antihaftbeschichtung auf. Kurzum: Wir *lieben* gusseiserne Bratpfannen!

Backblech mit hohem Rand: Ein Backblech mit hohem Rand ist für eine Vielzahl an Küchenaufgaben ein Muss, vom Gemüserösten bis zur Zubereitung eines Taco-Dinner-Crunchwraps *(siehe S. 104)*. Die Bleche kosten nicht viel und sind nicht nur in Haushaltswarenläden, sondern gelegentlich auch im Supermarkt um die Ecke erhältlich. Die Größe der Bleche ist nicht normiert, für die Rezepte in diesem Buch haben wir Bleche der Größe 33 x 45 Zentimeter verwendet.

Stabmixer: Das kompakte und leistungsstarke Gerät ist für die Zubereitung von samtenen Suppen wie der Scharfen Kürbissuppe mit Erdnuss-Gremolata *(siehe S. 44)*, von Smoothies und sogar Schlagsahne unverzichtbar. Der Stabmixer ist so klein, dass er in jede Schublade passt, weshalb auch jemand, der nicht über eine Küche in der Größe eines Ballsaals verfügt, nicht auf ihn verzichten muss. Ein weiterer großer Vorteil: Mit dem Stabmixer kann man direkt im Topf mixen, das Mixgut muss also nicht erst umständlich umgefüllt werden. Weniger Saubermachen, mehr

Suppe – wir wissen schon, warum uns das Gerät so gut gefällt.

Frischhalteboxen: Wie gesagt, sind wir von Tasty sehr für das Konzept des Meal Prep. Und um das noch einfacher zu machen, empfehlen wir dir den Kauf einiger Aufbewahrungsboxen, damit das Vorgekochte auch frisch bleibt. Dabei hat sowohl Glas als auch Plastik seine jeweils eigenen Vorteile: Glas ist mikrowellengeeignet und lässt sich fleckenlos reinigen, Plastik lässt sich dafür besser transportieren. Natürlich kannst du dich auch für eine Kombi aus beidem entscheiden – dann bist du unschlagbar im Meal Prepping!

Hilfreiche Tipps

Vor dem Kochen: Lies dir erst einmal das gesamte Rezept in Ruhe durch. Das ist bei Weitem nicht selbstverständlich – auch wir haben uns schon leidenschaftlich ans Werk gemacht, um dann feststellen zu müssen, dass uns ein entscheidendes Gerät, eine wichtige Zutat oder schlicht die Zeit fehlt.

Zutaten vorbereiten: Nachdem du dir das Rezept also aufmerksam durchgelesen hast, ist es nun an der Zeit für das *mise en place*. Übersetzt bedeutet der französische Ausdruck etwa so viel wie »an seinen Platz gestellt«, gemeint ist damit, möglichst alle Zutaten vor dem Kochen vorzubereiten, vom Kleinschneiden des Gemüses bis zum Abwiegen der Gewürze. Dadurch sparst du dir eine Menge Stress, wenn's später hoch hergeht, und die ganze Kochaktion läuft viel reibungsloser ab.

Alleskönner Löffel: Wir kochen ungeheuer gern mit Ingwer, doch die krumme Knolle zu schälen stellt schon eine besondere Herausforderung dar. Deshalb waren wir begeistert, als wir entdeckt haben, dass man Ingwer nicht nur mit dem Sparschäler, sondern auch mit einem ganz normalen Teelöffel schälen kann! Dafür musst du mit dem Rand des Löffels nur am Ingwer entlangfahren, und schon ist die Schale ab.

können nicht karamellisieren. Konkret bedeutet das: keine knusprige Kruste für dich! Denk also immer daran, dass es in deinem Topf nie zugehen sollte wie in der U-Bahn zur Rushhour. Stattdessen empfiehlt sich portionsweises Anbraten.

Wildes Rühren vermeiden: Ebenfalls nicht bräunen können die Zutaten, wenn du zu ungestüm in der Pfanne oder im Topf herumrührst. Gib das Kochgut also in die Pfanne und lass es ein wenig in Ruhe – es sei denn, im Rezept ist es anders angegeben.

Nudelkochwasser für die perfekte Pastasauce: Wer das ganze Nudelkochwasser wegschüttet, verschwendet eine wertvolle Ressource! Das Wasser enthält Salz (vorausgesetzt, du hast es ordentlich gesalzen, was du unbedingt solltest) und Stärke, die die Pastasauce andickt. Deshalb immer etwas Nudelkochwasser auffangen und portionsweise mit den Nudeln unter die Sauce rühren.

Beim Kochen sauber machen: Auch das sollte eigentlich selbstverständlich sein, kann aber gar nicht oft genug gesagt werden. Wer schon beim Kochen ein wenig aufräumt und sauber macht, muss sich nach dem Essen nicht mit Chaos auseinandersetzen. Letzteres lässt sich beispielsweise in Schach halten, wenn man Töpfe und Pfannen, die man nicht mehr braucht, schon mal abwäscht, wenn gerade Zeit ist.

Am wichtigsten aber: Am besten lernt man das Kochen beim *Kochen.* Du denkst, das ist zu schwer oder dauert zu lange? Nicht mit diesem Buch! Jede Mahlzeit ist eine Gelegenheit herauszufinden, was man gern isst, Tag für Tag. Also: Frisch ans Werk, Tasty-Fan!

Scharf anbraten: Wenn im Rezept steht, dass Fleisch scharf angebraten werden soll (z. B. für den Schmorbraten mit Blumenkohlpüree, *siehe S. 46*), musst du das Bratgut vorher mit Küchenkrepp unbedingt gründlich trocken tupfen. Andernfalls sorgt die im Fleisch verbliebene Feuchtigkeit dafür, dass sich Dampf entwickelt, was ein scharfes Anbraten verhindert.

Ruhen lassen: Und weil wir gerade beim Fleisch sind: Lass ein Stück Lamm oder ein Steak nach dem Garen immer erst mindestens fünf Minuten ruhen, bevor du es anschneidest. Dann verteilt sich der aromatische Fleischsaft im Fleisch und nicht auf dem Küchenschneidbrett.

Weniger ist mehr: Wer die Pfanne auf dem Herd überfüllt, verhindert, dass die Zutaten bräunen können. Bei einer übervollen Pfanne oder einem übervollen Topf entsteht Dampf, und die Zutaten

ÜBRIGENS: Mehr als die Hälfte der Rezepte sind völlig neu für dieses Buch entwickelt worden – quasi exklusiv für dich! Du erkennst sie am Sternchen neben dem Rezeptnamen.

Alles aus einem Topf

Enchilada-Reis

Traditionell hüllen sich Enchiladas in Tortillas, in diesem Rezept aber ersetzen wir den Wrap durch Reis. So ergibt sich ein herzhaftes Gericht, das sich in eine Mahlzeit nach der anderen verwandeln lässt, ohne dass man dabei geschmackliche Kompromisse machen müsste. Du vermisst die Tortillas? Keine Sorge: Sie tauchen in Variante 3, unserer »Burrito-Variante«, wieder auf. Außerdem stellen wir dir hier einen unserer Lieblings-Meal-Prep-Profitipps vor: Im Zweifelsfall ein Ei drüberhauen.

Für 4 Portionen

<‹ • • • • • • • • • • • • • • • ›>

1 EL **Pflanzenöl**

75 g **rote Zwiebel**, abgezogen und fein gehackt

1 EL **Knoblauch**, abgezogen und fein gehackt

175 g **grüne** und **rote Paprika-schote**, fein gehackt

200 g **Tomate**, fein gehackt

300 g **Langkorn-Naturreis**

60 g **Schwarze Bohnen** aus der Dose, abgegossen und abgespült

225 g **Tomatenmark**

1 EL **Koriander**, fein gehackt + etwas mehr zum Garnieren

1 TL **Chilipulver**

1 TL **Kreuzkümmel**, gemahlen

Meer- oder **Steinsalz** und **schwarzer Pfeffer**, frisch gemahlen

60 g **Parmesan** oder **Gouda**, gerieben

½ **Avocado**, entsteint, geschält und in Würfel geschnitten

1 Den Backofen auf 200 °C vorheizen.

2 Das Öl in einer großen ofenfesten gusseisernen Pfanne bei mittlerer Temperatur erhitzen und Zwiebel sowie Knoblauch unter Rühren in 3 bis 4 Minuten darin weich dünsten. Paprika dazugeben und alles unter Rühren weitere 3 bis 4 Minuten garen, bis die Paprika ebenfalls weich ist. Tomaten unterrühren und 1 Minute mitgaren. Den Inhalt der Pfanne in eine Schüssel geben und beiseitestellen.

3 Die Pfanne wieder auf den Herd stellen, die Temperatur erhöhen und 720 Milliliter Wasser in die Pfanne gießen. Das Wasser zum Kochen bringen. Den Reis unterrühren und die Hitze auf mittlere Temperatur reduzieren. Den Reis unter Rühren 15 bis 18 Minuten garen, bis er das gesamte Wasser aufgesogen hat und fast weich ist.

4 Das Gemüse wieder in die Pfanne geben und Bohnen, Tomatenmark, Koriander, Chilipulver sowie Kreuzkümmel hinzufügen. Mit Salz und Pfeffer würzen und alles noch einmal gründlich verrühren. Gleichmäßig mit dem geriebenen Käse bestreuen und den Enchilada-Reis etwa 25 Minuten im Ofen überbacken.

5 Die Pfanne aus dem Ofen nehmen und den Enchilada-Reis mit den Avocadowürfeln sowie dem restlichen Koriander garniert servieren.

in vier Varianten

MEAL PREP

Variante 1

Mit Beilagensalat aus Romanasalat-
blättern und Kirschtomaten sowie
deinem Lieblingsdressing.

Variante 2

In Taco-Schalen gefüllt und mit
Sauerrahm, Salsa sowie Guacamole
serviert.

In eine große Weizentortilla gefüllt und
zu einem Burrito gefaltet oder gerollt.

Mit einem Spiegelei
garniert serviert.

Variante 4

Variante 3

Fisch-Potpie
mit Cider und Cheddar

1 Blatt **TK-Blätterteig** (ca. 22 x 28 cm), über Nacht im Kühlschrank aufgetaut

2 EL **Mehl**
+ etwas mehr zum Bestäuben

3 EL **Butter**

1 kleine **Zwiebel**, abgezogen und fein gehackt

1 kleine **Karotte**, fein gehackt

1 kleine Stange **Sellerie**, fein gehackt

1 kleine **Frühkartoffel**, geschält und in feine Würfel geschnitten

Meer- oder **Steinsalz** und **schwarzer Pfeffer**, frisch gemahlen

240 g **Sahne**

120 ml **Cider** (Apfelschaumwein; falls du keinen Alkohol verwenden möchtest, kannst du auch Apfelsaft nehmen)

340 g **Kabeljau**, **Schellfisch** oder ein anderer Fisch mit festem weißem Fleisch, ohne Haut, in ca. 2½ cm große Würfel geschnitten

75 g **TK-Erbsen**

155 g **reifer Cheddar**, davon 115 g in ca. 1 cm große Würfel geschnitten, 40 g gerieben

1 **Ei** (Größe L), leicht verquirlt

Falls du Fisch-Potpie noch nicht kennst, garantieren wir dir, dass du von dieser klassisch britischen Topfpastete begeistert sein wirst. Für gewöhnlich wird sie mit Fleisch zubereitet, doch in der Variante mit Fisch enthält sie noch mehr gesunde Proteine – welchen Fisch du verwendest, bleibt dir überlassen, Hauptsache, er hat festes weißes Fleisch. Vielleicht hast du gehört, Käse passe nicht zu Fisch; wir halten das allerdings für Anglerlatein und Seemannsgarn.

1 Den Backofen auf 175 °C vorheizen.

2 Den Blätterteig auf einem mit Mehl bestäubten Backblech zu einem etwa 28 Zentimeter großen Quadrat ausrollen und anschließend zu einem Kreis mit etwa 28 Zentimeter Durchmesser schneiden. Bis zur Weiterverwendung kühl stellen.

3 Die Butter bei mittlerer bis hoher Temperatur in einer gusseisernen oder anderweitig ofenfesten Pfanne (etwa 25 Zentimeter Ø) zerlassen. Zwiebel, Karotte, Sellerie und Kartoffel hineingeben, mit Salz und Pfeffer würzen und das Gemüse unter Rühren 6 bis 8 Minuten garen, bis es weich geworden ist. Das Mehl darüberstäuben und etwa 1 Minute unter Rühren mitdünsten. Anschließend Sahne und Cider angießen. Alles zum Köcheln bringen und unter Rühren etwa 3 Minuten weitergaren, bis die Mischung eindickt. Die Füllung noch einmal großzügig mit Salz und Pfeffer würzen.

4 Fisch und Erbsen unterrühren sowie die Füllung gleichmäßig mit den Käsewürfeln bestreuen (diese nicht unterrühren oder nach unten drücken). Die Pfanne vom Herd nehmen. Den Blätterteigkreis vorsichtig auf die Füllung legen und am Rand leicht andrücken, um die Pastete zu verschließen. Den Teig mit dem verquirlten Ei bestreichen und mit einem Gemüsemesser vier kleine Schlitze hineinschneiden, damit beim Backen der Dampf entweichen kann. Den Teig zum Schluss gleichmäßig mit dem geriebenen Käse bestreuen.

5 Die Pastete 30 bis 35 Minuten im Ofen backen, bis der Teig goldbraun und der Fisch gar ist. Aus dem Ofen nehmen und vor dem Servieren 10 Minuten abkühlen lassen.

★ Hühnchen-Potpie

Für 4 Portionen

1 EL **Olivenöl**

680 g **Hähnchenbrustfilets** ohne Haut, in ca. 1 cm große Würfel geschnitten

Meer- oder **Steinsalz** und **schwarzer Pfeffer**, frisch gemahlen

½ mittelgroße **Gemüsezwiebel**, abgezogen und fein gehackt

2 **Knoblauchzehen**, abgezogen und fein gehackt

450 g **festkochende Kartoffeln**, geschält und in ca. 1 cm große Würfel geschnitten

300 g **TK-Erbsen-Karotten-Mischung**

4 EL **Butter**

40 g **Mehl**

480 ml **Hühnerbrühe**

1 **Mürbteigdeckel** (ca. 28 cm Ø) aus dem Kühlregal

1 **Ei** (Größe L), verquirlt

Hühnchen-Potpie ist das ultimative Trostessen. Da aber im Gegensatz dazu eine Spüle voll dreckigem Geschirr absolut nichts Tröstliches hat, verarbeiten wir all die wunderbaren Zutaten in einer einzigen Pfanne. Mit vorgeschnittenem TK-Gemüse – das, der Kühltechnik sei Dank, übrigens dieselbe Menge an Ballaststoffen, Vitaminen und Mineralien enthält wie frisches Gemüse – und einem Mürbteigdeckel aus dem Kühlregal kannst du noch zusätzlich einiges an Zeit sparen.

1 Den Backofen auf 200 °C vorheizen.

2 Das Öl bei mittlerer bis hoher Temperatur in einer ofenfesten gusseisernen Pfanne (etwa 25 Zentimeter Ø) erhitzen. Die Fleischwürfel hineingeben, mit Salz und Pfeffer würzen und unter Rühren 6 bis 8 Minuten anbraten, bis sie außen gold-braun und innen nicht mehr rosafarben sind. Das Fleisch aus der Pfanne nehmen und beiseitestellen.

3 Die Pfanne wieder auf den Herd stellen und die Hitze auf mitt-lere Temperatur reduzieren. Zwiebel und Knoblauch in die Pfan-ne geben und unter Rühren in etwa 5 Minuten glasig dünsten. Die Kartoffeln dazugeben und unter Rühren 5 Minuten mitga-ren. Zuerst Erbsen und Karotten sowie anschließend die Butter unterrühren. Mit Mehl bestäuben und dieses rasch ebenfalls unterrühren, damit es nicht klumpt. Die Brühe angießen, zum Kochen bringen und 2 bis 3 Minuten köcheln lassen, bis die Mi-schung etwas eindickt. Das Fleisch wieder in die Pfanne geben und unterrühren. Die Füllung noch einmal mit Salz und Pfeffer würzen, die Pfanne vom Herd nehmen.

4 Den Mürbteigdeckel auf die Füllung legen und am Rand leicht andrücken, um die Pastete zu verschließen. Den Teig mit dem verquirlten Ei bestreichen und mit einem Gemüsemesser drei Schlitze hineinschneiden, damit beim Backen der Dampf ent-weichen kann. Die Pastete 25 bis 30 Minuten im Ofen backen, bis der Teig goldbraun ist.

5 Die Pfanne aus dem Ofen nehmen und die Pastete vor dem Servieren 5 Minuten ruhen lassen.

Brathähnchen
mit Regenbogengemüse

340 g kleine **blaue Kartoffeln**
(z. B. Blauer Schwede), längs halbiert

170 g **grüne Bohnen**,
Enden abgeschnitten

3 mittelgroße **Karotten**, geschält
und leicht diagonal in ca. 1 cm dicke
Scheiben geschnitten

6 ganze **Knoblauchzehen**,
nicht abgezogen

1 **Zitrone**, in 6–8 Scheiben geschnitten
und entkernt

½ große **rote Zwiebel**, abgezogen
und quer in dünne Scheiben geschnitten

2 EL **Olivenöl**
+ etwas mehr zum Einreiben

1 EL **Rosmarin**, fein gehackt

1 EL **Thymian**, fein gehackt

Meer- oder **Steinsalz** und
schwarzer Pfeffer, frisch gemahlen

4 **Hähnchenbrustfilets** ohne Haut
à 225–280 g

1 TL **edelsüßes Paprikapulver**

Einen (pflanzlichen) Regenbogen zu essen hat definitiv mehr Vorteile als nur den, dass er deinen Teller instagramtauglicher macht. Abgesehen vom visuellen Aspekt stellt der Verzehr eines breiten Spektrums verschiedener Gemüsesorten sicher, dass du ein ebenso breites Spektrum an wertvollen Nährstoffen – die oft farbkodiert sind (ist die Natur nicht toll?!) – zu dir nimmst. Dieses Gericht ist ein leichter und obendrein noch höchst köstlicher Weg, dir eine Menge essenzieller Vitamine auf einmal einzuverleiben (aber dafür musst du's auch essen, nicht nur fotografieren!).

1   Den Backofen auf 190 °C vorheizen.

2   Kartoffeln, grüne Bohnen, Karottenscheiben, Knoblauch, Zitronenscheiben und Zwiebelscheiben in getrennten Reihen auf ein Backblech mit hohem Rand legen. Alle Reihen gleichmäßig mit Olivenöl beträufeln und mit Rosmarin sowie Thymian bestreuen. Mit Salz und Pfeffer würzen und anschließend jede Reihe einzeln gründlich durchmengen, damit das Gemüse Öl und Gewürze gut aufnimmt. Die Gemüsestücke in den Reihen wieder einzeln nebeneinanderlegen und in der Mitte Platz für das Fleisch lassen.

3   Die Hähnchenbrustfilets rundum mit Olivenöl einreiben, jeweils mit ¼ Teelöffel Paprikapulver bestreuen und auf beiden Seiten mit Salz und Pfeffer würzen. Das Fleisch auf das Backblech legen und zusammen mit dem Gemüse 25 bis 30 Minuten im Ofen backen, bis das Gemüse zart und das Fleisch gar ist.

Kinderleichtes
Kartoffelcurry

2 EL **Pflanzenöl**

1 mittelgroße **Zwiebel**, abgezogen und fein gehackt

4 TL **Currypulver**

2 TL **Ingwer**, fein gehackt

2 TL **Kreuzkümmel**, gemahlen

1½ TL **edelsüßes Paprikapulver**

1 TL **Cayennepfeffer**

½ TL **Piment**, gemahlen

4 **Knoblauchzehen**, abgezogen und fein gehackt

900 g **mehligkochende Kartoffeln**, geschält und in ca. 1 cm große Würfel geschnitten

425 g **Kichererbsen** aus der Dose, abgegossen und abgespült

2 TL **Meer-** oder **Steinsalz**

schwarzer Pfeffer, frisch gemahlen

240 ml **Gemüsebrühe**

1 EL **Zitronensaft**

400 g **gehackte Tomaten** aus der Dose

400 ml **ungesüßte Kokosmilch**

Koriander, gehackt, zum Garnieren

gekochter **Reis** und **Naan-Brot** zum Servieren

Dieses indisch inspirierte Gericht steckt so voller exotischer Düfte und Geschmäcker, dass es einer kulinarischen Meditation gleicht. Und das Beste (Meal Prepper, aufgepasst): Die Aromen der Gewürze, des Ingwers, des Knoblauchs und der Zwiebeln in diesem Curry entfalten sich mit der Zeit sogar noch mehr, was bedeutet, dass es aufgewärmt noch besser schmeckt!

1 Das Öl bei mittlerer Temperatur in einem großen Topf erhitzen und die Zwiebel unter Rühren 4 bis 6 Minuten darin glasig dünsten. Currypulver, Ingwer, Kreuzkümmel, Paprikapulver, Cayennepfeffer, Piment und Knoblauch hinzufügen und unter Rühren etwa 2 Minuten mitdünsten, bis die Gewürze zu duften beginnen.

2 Kartoffeln, Kichererbsen und Salz in den Topf geben und alles mit schwarzem Pfeffer würzen. Gründlich verrühren, damit sich die Gewürze gut verteilen. Gemüsebrühe, Zitronensaft, Tomaten mitsamt Flüssigkeit und Kokosmilch dazugeben. Die Temperatur erhöhen und die Mischung zum Kochen bringen. Die Temperatur wieder reduzieren und das Curry unter gelegentlichem Rühren 20 bis 25 Minuten köcheln lassen, bis die Kartoffeln weich sind und leicht mit einer Gabel eingestochen werden können.

3 Den Topf vom Herd nehmen und das Curry mit Koriander bestreuen. Heiß mit gekochtem Reis und Naan-Brot servieren.

Salsiccia aus dem Ofen

mit Trauben und Knoblauchbohnen

450 g **helle Trauben**, bei Bedarf halbiert

450 g **Salsiccia**

4 Zweige **Thymian**

3 EL **Olivenöl**

¼ TL **Chiliflocken**, zerdrückt

Meer- oder **Steinsalz** und
schwarzer Pfeffer, frisch gemahlen

450 g **grüne Bohnen**, Enden abgeschnitten

2 **Knoblauchzehen**, abgezogen und
fein gehackt

glatte Petersilie, fein gehackt,
zum Garnieren (optional)

Du weißt es vielleicht noch nicht, aber Bratwurst und Trauben passen zusammen wie Topf und Deckel. In unserer Version dieses klassisch toskanischen Gerichts balancieren die säuerlichen Trauben die Reichhaltigkeit der Salsiccia – eine pikante, grobe Bratwurst – gekonnt aus, während die frischen Kräuter und grünen Bohnen für sommerliche Aromen sorgen. Wie das Wetter vor deinem Küchenfenster also auch sein mag – beim Essen wirst du dich wie im »verzauberten April« an der Amalfiküste fühlen.

1   Den Backofen auf 220 °C vorheizen und ein Backblech mit hohem Rand mit Alufolie belegen.

2   Trauben, Salsiccia, Thymian, 2 Esslöffel Olivenöl und Chiliflocken in eine große Schüssel geben. Die Mischung mit Salz und Pfeffer würzen und gründlich vermengen, sodass alle Zutaten rundum von dem Öl überzogen sind.

3   Die Salsicciawürste mit reichlich Abstand zueinander auf eine Seite des vorbereiteten Backblechs legen und jeweils einige Male mit einer Gabel einstechen. Trauben und Thymianzweige nebeneinander auf die gegenüberliegende Seite des Blechs legen. Die Schüssel beiseitestellen; sie wird später wieder gebraucht, abgewaschen werden muss sie vorerst nicht.

4   Würste und Trauben etwa 15 Minuten im Ofen garen, bis die Trauben weich und die Würste außen glasig sind.

5   Grüne Bohnen, restliches Olivenöl und Knoblauch in die beiseitegestellte Schüssel geben. Mit Salz und Pfeffer würzen und gründlich vermengen.

6   Die Trauben an den Rand des Blechs schieben, um Platz für die grünen Bohnen zu schaffen. Diese nebeneinander in die Mitte des Backblechs legen. Die Würste wenden und alles weitere 15 Minuten im Ofen garen, bis die Salsiccia durch ist und die grünen Bohnen goldbraun und zart sind.

7 Die Würste mit einer Zange auf ein Schneidbrett legen und 5 Minuten ruhen lassen. In der Zwischenzeit die Thymianzweige entsorgen und Trauben sowie grüne Bohnen separat auf vier Teller verteilen. Die Salsiccia in etwa 1 Zentimeter dicke Scheiben schneiden und neben den Trauben anrichten. Nach Belieben mit Petersilie bestreuen und servieren.

Französisches Chili

mit Rotwein, Bacon und Perlzwiebeln

4 dicke Scheiben **Bacon**,
in ca. 2½ cm große Stücke geschnitten

280 g **TK-Perlzwiebeln**, aufgetaut und
gründlich trocken getupft; alternativ
Perlzwiebeln aus dem Glas, abgegossen
und abgespült

280 g große **weiße Champignons**,
entstielt und geviertelt

Meer- oder **Steinsalz** und
schwarzer Pfeffer, frisch gemahlen

680 g möglichst mageres
Rinderhackfleisch

30 g **Mehl**

360 ml **Rotwein**

2 Zweige **Thymian**

1 **Lorbeerblatt**

60 g **Gruyère**, gerieben

glatte Petersilie, fein gehackt,
zum Garnieren

4 ca. 2½ cm dicke Scheiben
Sauerteigbrot, geröstet

Wir essen Chili so gern, dass wir uns dachten, wir gönnen ihm mal einen schicken Urlaub in Frankreich. Daraus wurde unsere Variante des Bœuf bourguignon, des klassischen französischen Rindfleischgerichts. Der Zeitersparnis wegen nehmen wir hier Hackfleisch, doch keine Sorge: Der satte und zugleich feine Fleischgeschmack des Originals bleibt erhalten! Du hast in nächster Zeit keinen Urlaub? Macht nichts – mit diesem Chili wirst du dich fühlen wie Gott in Frankreich.

1 Den Bacon auf dem Boden eines großen Schmortopfs verteilen und bei mittlerer Temperatur erhitzen. Sobald der Bacon zu brutzeln beginnt, unter gelegentlichem Rühren etwa 10 Minuten braten, bis fast das gesamte Fett ausgelassen ist (**A**). Zwiebeln und Pilze hinzufügen, mit Salz und Pfeffer würzen und unter gelegentlichem Rühren etwa 20 Minuten weiterbraten, bis alles leicht karamellisiert ist (**B**). Mit einem Schaumlöffel herausheben und in eine Schüssel geben.

2 Die Temperatur auf mittel bis hoch erhöhen und das Hackfleisch in den Schmortopf geben. Mit einem Pfannenwender zerkleinern und unter gelegentlichem Rühren etwa 12 Minuten anbraten, bis die Flüssigkeit verdampft und das Fleisch leicht gebräunt ist. Mit dem Mehl bestäuben (**C**) und unter Rühren 2 Minuten weiterbraten (**D**). Den Wein angießen und Thymian, Lorbeerblatt sowie 480 Milliliter Wasser hinzufügen (**E**). Die Mischung unter gelegentlichem Rühren zum Kochen bringen.

3 Die Temperatur auf mittel bis niedrig reduzieren und das Chili unter gelegentlichem Rühren 10 bis 12 Minuten köcheln lassen, bis es auf Saucenkonsistenz eindickt (**F**). Die Bacon-Zwiebel-Pilz-Mischung unterrühren und 1 Minute mit erhitzen. Das Chili mit Salz und Pfeffer abschmecken, Lorbeerblatt und Thymianzweige herausfischen.

4 Das Chili auf vier Schalen verteilen und mit Gruyère sowie Petersilie bestreuen. Heiß mit 1 Scheibe geröstetem Sauerteigbrot servieren.

★ Spaghetti
mit karamellisierter Zitrone, Garnelen und Petersilie

1 **Bio-Zitrone**

3 EL **Olivenöl extra vergine**

Meer- oder **Steinsalz** und
schwarzer Pfeffer, frisch gemahlen

2 EL **Butter**

340 g **Riesengarnelen**, geschält und
vom Darmfaden befreit

6 **Knoblauchzehen**, abgezogen und
in dünne Scheiben geschnitten

¼ TL **Chiliflocken**, zerdrückt
+ etwas mehr zum Garnieren

120 ml **trockener Weißwein**,
z. B. Sauvignon blanc

340 g **Spaghetti**

5 g **glatte Petersilie**, fein gehackt

knuspriges italienisches Brot
zum Servieren

An dieser Stelle würden wir gern ein wenig schwärmen – und der Zitrone ein Loblied singen. Denn die auf den ersten Blick unscheinbare Frucht ist der Rockstar unter den Zutaten. Säure ist beim Kochen enorm wichtig: Einerseits balanciert sie Aromen aus, andererseits verstärkt sie sie. Und wie käme Säure leichter in ein Gericht als durch einen Spritzer Zitronensaft? In diesem Rezept können die sauren Früchtchen gleich zweimal glänzen: als abgeriebene Schale und als karamellisierte Stücke. Ganz nach dem Motto: Wenn das Leben dir Zitronen gibt, dann verwende sie gefälligst ganz!

1 Die Schale der Zitrone fein abreiben und in eine kleine Schüssel geben. Dabei sehr gründlich vorgehen und keine Schale an der Zitrone lassen. Die abgeriebene Schale mit Klarsichtfolie bedecken und beiseitestellen. Die Enden der Zitrone abschneiden und die Frucht in etwa 1 Zentimeter große Würfel hacken. Dabei alle Kerne entfernen und entsorgen.

2 Das Olivenöl in einem großen Topf bei mittlerer bis hoher Temperatur erhitzen. Die Zitronenstücke hineingeben, mit Salz und Pfeffer würzen und unter gelegentlichem Rühren in 4 bis 6 Minuten karamellisieren lassen. In eine Schüssel geben und beiseitestellen.

3 Die Butter in den Topf geben und zerlassen. Die Garnelen abspülen, trocken tupfen, mit Salz und Pfeffer würzen und ebenfalls in den Topf geben. In 3 bis 4 Minuten hellrosa garen, dabei einmal wenden. Mit einer Zange herausnehmen und auf einen Teller legen.

4 Knoblauch und Chiliflocken in den Topf geben und 1 Minute braten. Den Wein angießen und 1 Minute köcheln lassen; dabei mit einem Holzlöffel den Bratensatz vom Topfboden lösen. 950 Milliliter Wasser, die Spaghetti und 1 großzügige Prise Salz hinzufügen. Zum Kochen bringen und 10 bis 12 Minuten kochen lassen; dabei etwa alle 2 Minuten umrühren. Die Nudeln sollten al dente, die Flüssigkeit deutlich reduziert sein.

5 Zitronenstücke, Zitronenschale und Petersilie unterrühren. Die Garnelen ebenfalls unterrühren und alles mit Salz und Pfeffer abschmecken. Auf vier Tellern anrichten und sofort servieren. Das Brot zum Aufnehmen der Sauce dazu servieren.

Sahnige Pasta

mit Huhn und Brokkoli

Für
4–6 Portionen

4 EL **Olivenöl**

ca. 1 kg **Brokkoliröschen** (von etwa
2 Köpfen Brokkoli), längs halbiert

Meer- oder **Steinsalz** und
schwarzer Pfeffer, frisch gemahlen

2 EL **Butter**

680 g **Hähnchenbrustfilets** ohne Haut,
in ca. 2½ cm große Würfel geschnitten

1 kleine **Zwiebel**, abgezogen und
fein gehackt

2 **Knoblauchzehen**, abgezogen und
fein gehackt

120 ml **trockener Weißwein**,
z. B. Sauvignon blanc oder Chardonnay

3 EL **Mehl**

480 g **Sahne**

450 g **Penne** oder
eine andere röhrenförmige Pasta

100 g **Parmesan**, gerieben
+ etwas mehr zum Servieren

glatte Petersilie, fein gehackt,
zum Servieren

Mal ehrlich: Es gibt kaum etwas Tröstlicheres als einen Teller voller cremig-sahniger Nudeln. In unserer Version werden die Nudeln nicht nur in Wasser, sondern auch in Sahne sowie mit Knoblauch und Zwiebeln gekocht. Auf diese Weise saugen sie die köstlichen Aromen gleich mit auf und geben ihre Stärke an die Sauce ab, was eine noch cremigere Konsistenz ergibt. Das Anbraten des Brokkolis verleiht dem Gericht zusätzliche Röstaromen – die perfekte Ergänzung zum Käse in der Sauce.

1 In einem großen Topf 2 Esslöffel Olivenöl bei mittlerer bis hoher Temperatur erhitzen und die Hälfte des Brokkolis ohne Rühren etwa 2 Minuten darin anbraten. Mit Salz und Pfeffer würzen, anschließend umrühren. Unter gelegentlichem Rühren etwa 3 Minuten weiterbraten. Mit einem Schaumlöffel herausheben und in eine Schüssel geben. Mit dem restlichen Olivenöl sowie dem restlichen Brokkoli ebenso verfahren.

2 Die Butter in den Topf geben und zerlassen. Das Fleisch hinzufügen, mit Salz und Pfeffer würzen und unter Rühren 8 bis 10 Minuten braten, bis es außen goldbraun und innen gar ist. Mit einem Schaumlöffel herausheben und zum Brokkoli in die Schüssel geben.

3 Zwiebel und Knoblauch in den Topf geben und unter gelegentlichem Rühren in etwa 3 Minuten weich dünsten. Den Wein angießen und unter Rühren in etwa 3 Minuten verdunsten lassen.

4 Die Zwiebelmischung mit dem Mehl bestäuben und 2 Minuten weiterdünsten. Die Sahne sowie 960 Milliliter Wasser unterrühren und zum kräftigen Köcheln bringen. Die Nudeln dazugeben und unter häufigem Rühren in etwa 15 Minuten al dente garen. Brokkoli und Fleisch unterrühren und rund 1 Minute in der Sauce erhitzen.

5 Den Topf vom Herd nehmen und den Parmesan unter die Nudelmischung rühren. Mit Salz und Pfeffer abschmecken. Die Pasta auf tiefe Teller verteilen und mit weiterem Parmesan sowie Petersilie bestreut heiß servieren.

Schongarer & Multikocher

Toskanische Weiße-Bohnen-Suppe

Veggie Monday? Oder Tuesday? Oder Wednesday? Oder … okay, du hast sicherlich verstanden, worauf wir hinauswollen: Dieses Gericht eignet sich perfekt für jeden Tag, vor allem aber für trübe Tage, an denen man eine wärmende Suppe braucht. Cannellini-Bohnen sind tolle (und preiswerte) Proteinlieferanten und passen am nächsten, übernächsten und überübernächsten Tag hervorragend zu Nudeln, Huhn und Brot aller Art.

Für 8 Portionen

<‹ • • • • • • • • • • • • • • • ›>

1½ l | **Gemüsebrühe**

170 g **Grünkohlblätter**, grob gehackt

1 TL **getrockneter Oregano**

1 TL **getrockneter Thymian**

4 Stangen **Sellerie**, in ca. 1 cm große Stücke geschnitten

3 mittelgroße **Karotten**, in ca. ½ cm dicke Scheiben geschnitten

3 **Knoblauchzehen**, abgezogen und in dünne Scheiben geschnitten

850 g **Cannellini-Bohnen** aus der Dose, abgegossen und abgespült

400 g **stückige Tomaten** aus der Dose mitsamt Saft

1 mittelgroße **Gemüsezwiebel**, abgezogen und fein gehackt

Meer- oder **Steinsalz** und **schwarzer Pfeffer**, frisch gemahlen

knuspriges Brot zum Servieren

1 Brühe, Grünkohl, Oregano, Thymian, Sellerie, Karotten, Knoblauch, Bohnen, Tomaten mitsamt Saft und Zwiebel in einen Schongarer mit 6½ Liter Fassungsvermögen geben. Mit mindestens 2 Teelöffel Salz und ½ Teelöffel Pfeffer würzen. Zugedeckt 4 Stunden auf hoher Stufe oder 8 Stunden auf niedriger Stufe garen.

2 Die Suppe mit Salz und Pfeffer abschmecken und warm mit einem Stück knusprigem Brot servieren.

in vier Varianten

MEAL PREP

Variante 1

Püriert und mit frisch geriebenem
Parmesan bestreut serviert.

Variante 2

Mit 500 g Grillhähnchen-
fleisch in Streifen serviert.

Mit 1 großen Scheibe geröstetem
Sauerteigbrot serviert.

Mit 225 g Makkaroni oder anderer
Pasta vermischt serviert.

Variante 3

Variante 4

Schongarer
Chili mit Schweinefleisch
und Maisbrot

900 g **Schweineschulter**, ausgelöst und in ca. 2½ cm große Stücke geschnitten

1 EL **Gewürzsalz**

1 EL **Kreuzkümmel**, gemahlen

100 g **Tomate**, fein gehackt

75 g **Zwiebel**, abgezogen und fein gehackt

100 ml **rote Enchiladasauce** (z. B. Salsa Roja) aus dem Glas

425 g **Kidneybohnen** aus der Dose, abgegossen und abgespült

240 g **Maisbrotbackmischung** (siehe *Tipp*)

Cheddar, gerieben, zum Garnieren (optional)

Schweineschulter und Schongarer – für die Vielbeschäftigten unter uns ist das eine geradezu himmlische Verbindung! Das etwas robustere Fleisch der Schweineschulter kann von einer längeren Garzeit nur profitieren. Warum, fragst du? Da setzen wir doch gleich mal die Besserwisserbrille auf und antworten: Muskeln = Bindegewebe = Kollagen. Wird Letzteres im Kochprozess gespalten, verwandelt es sich in Gelatine – und schwupps wird aus zähem Fleisch die saftige, zarte Köstlichkeit, die wir alle so lieben.

1 Das Fleisch in einen Schongarer mit 6½ Liter Fassungsvermögen geben und mit Gewürzsalz sowie Kreuzkümmel bestreuen. Tomate, Zwiebel und Enchiladasauce dazugeben. Die Bohnen hinzufügen und alles gründlich verrühren. Zugedeckt 3 Stunden auf hoher Stufe garen.

2 Die Maisbrotteigmischung nach Packungsanleitung zubereiten, aber nicht backen.

3 Die Mischung mit einem großen Löffel portionsweise auf dem köchelnden Chili verteilen. Dieses zugedeckt 1 weitere Stunde auf hoher Stufe garen, bis das Maisbrot fest und durchgebacken ist.

4 Das Chili mitsamt dem Maisbrot auf Schalen verteilen und nach Belieben mit geriebenem Cheddar bestreut servieren.

TIPP
Falls du im Supermarkt keine Maisbrotbackmischung findest, kannst du den Teig für unser Rezept leicht selbst herstellen.

Zutaten für 8 Stücke
3 **Eier** (Größe M)
480 ml **Buttermilch**
280 g **Weizenmehl**
450 g **Maismehl**
4 EL **Zucker**
3 TL **Salz**
2 TL **Speisenatron**
2 ½ TL **Backpulver**
100 g **Cheddar**, gerieben

1 In einer Schüssel Eier und Buttermilch verrühren.

2 Restliche Zutaten in einer weiteren Schüssel miteinander vermengen.

3 Eier-Buttermilch-Mischung hinzugeben und alles miteinander zu einem homogenen Teig verarbeiten. Anschließend wie im Hauptrezept *(Punkt 3)* beschrieben mit dem selbst hergestellten Teig verfahren.

Schongarer
Chicken Tikka Masala

2 **Hähnchenbrustfilets** ohne Haut,
in ca. 2½ cm große Stücke geschnitten

1 EL **Mehl**

1 EL **Garam Masala**

1 EL **Kurkuma**, gemahlen

1 EL **edelsüßes Paprikapulver**

2 TL **Meer-** oder **Steinsalz**

120 g **stückige Tomaten** aus der Dose
mitsamt Saft

2 EL **Tomatenmark**

4 **Knoblauchzehen**, abgezogen und
fein gehackt

2 **Jalapeño-** oder **Serrano-Chilischoten**,
entkernt und fein gehackt

1 mittelgroße **Zwiebel**, abgezogen und
fein gehackt

200 g **Naturjoghurt**

frischer **Koriander**, gehackt,
zum Garnieren

gekochter **Basmatireis** zum Servieren

Chicken Tikka Masala ist zwar eines der am häufigsten bestellten Lieferservicegerichte, aber mit unserer supereinfachen Schongarerversion gerätst du gar nicht erst in Versuchung, zum Telefon zu greifen. Garam Masala ist die Geheimwaffe in jedem Gewürzregal – die Mischung besteht unter anderem aus Kreuzkümmel, Koriander, Kardamom, Pfeffer, Zimt und Nelken. Kommen dann noch Kurkuma, edelsüßes Paprikapulver, Knoblauch, Zwiebel und der Kick von frischer Chilischote dazu, entsteht ein Gericht mit unvergleichlichen und unvergesslichen Aromen.

1 Das Fleisch in einen Schongarer mit 6½ Liter Fassungsvermögen geben und mit Mehl, Garam Masala, Kurkuma, Paprikapulver sowie Salz bestreuen. Gründlich vermengen, damit das Fleisch die Gewürze aufnehmen kann.

2 Die Tomaten mitsamt Saft sowie Tomatenmark, Knoblauch, Chili und Zwiebel hinzufügen und alles noch einmal gründlich vermengen.

3 Das Chicken Tikka Masala zugedeckt 3 Stunden auf hoher Stufe garen.

4 Den Joghurt unterrühren und mit Koriander bestreut servieren. Den Basmatireis dazu servieren.

Spareribs im Asia-Stil

900 g **Spareribs**, halbiert

1 EL **chinesisches Fünf-Gewürze-Pulver**

1 EL **Meer-** oder **Steinsalz**

1 EL **schwarzer Pfeffer**, frisch gemahlen

240 ml **Hühnerbrühe**

3 EL **Hoisinsauce**

1 EL **Knoblauch**, abgezogen und fein gehackt

1 EL **Ingwer**, fein gehackt

1 mittelgroße **rote Zwiebel**, abgezogen und in feine Scheiben geschnitten

2 TL **Speisestärke**

2 EL **brauner Zucker**

2 EL **Sesamsamen**

Frühlingszwiebeln und **rote Chilischoten**, in feine Ringe geschnitten, zum Garnieren

gekochter **weißer Reis** zum Servieren

Das eine oder andere Essen ist so gut, dass es einem ein bisschen Schweinerei schon wert sein kann. Diese Spareribs beispielsweise sind himmlisch süß und zugleich salzig, sie sind würzig-pikant, das Fleisch fällt praktisch vom Knochen – kurzum: eine Köstlichkeit, nach der sich jeder die Finger leckt. Einen weißen Smoking respektive ein weißes Abendkleid sollte man beim Essen zwar nicht gerade tragen, gegen einen kleinen Klecks Sauce auf der Wange haben wir hingegen nichts. Chinesisches Fünf-Gewürze-Pulver besteht aus Zimt, Nelken, Fenchel, Sternanis und Sichuan-Pfeffer und verfügt über ein einzigartig komplexes Aroma.

1 Die Spareribs auf der sauberen Arbeitsfläche mit Fünf-Gewürze-Pulver, Salz und Pfeffer bestreuen. Die Gewürze mit den Händen gründlich ins Fleisch reiben. Spareribs in einen Schongarer mit 6½ Liter Fassungsvermögen legen.

2 In einer kleinen Schüssel Brühe, Hoisinsauce, Knoblauch und Ingwer verrühren. Über das Fleisch gießen und die Zwiebelscheiben darüberstreuen. Zugedeckt 3 Stunden auf hoher Stufe oder 6 Stunden auf niedriger Stufe garen.

3 In der Zwischenzeit den Backofen auf 160 °C vorheizen und ein Backblech mit hohem Rand mit Alufolie belegen.

4 Das Fleisch auf das Backblech legen; beiseitestellen.

5 Die Garflüssigkeit aus dem Schongarer durch ein Sieb in eine mittelgroße Pfanne abgießen (du brauchst etwa 360 Milliliter Flüssigkeit) und bei mittlerer Temperatur erhitzen. Die Stärke mit 60 Milliliter Wasser verrühren und unter die Flüssigkeit in der Pfanne mischen. Braunen Zucker und Sesamsamen unterrühren und die Sauce unter gelegentlichem Rühren 15 bis 20 Minuten eindicken lassen.

6 Das Fleisch auf beiden Seiten mit etwas Sauce bepinseln und 15 Minuten im Ofen überbacken.

7 Die Rippchen trennen, auf einer Platte anrichten und mit Frühlingszwiebeln sowie Chili bestreuen. Den Reis und die restliche Sauce dazu servieren.

Multikocher
Tacos
mit Hähnchenbruststreifen

Für 4 Portionen

680 g **Hähnchenbrustfilets** ohne Haut

1 TL **Chilipulver**

1 TL **Kreuzkümmel**, gemahlen

2 **Knoblauchzehen**, abgezogen und fein gehackt

Meer- oder **Steinsalz** und **schwarzer Pfeffer**, frisch gemahlen

450 ml **Salsa** aus dem Glas

Mais- oder **Weizentortillas**, **Pico de Gallo**, **Guacamole** und **Sauerrahm** zum Servieren

Wir sind uns ganz sicher: Diese Tacos mit Hähnchenbruststreifen werden bald in aller Munde sein! Und auch die spanische Bezeichnung für die Fleischfüllung – Tinga de Pollo – kann man sich ruhig mal auf der Zunge zergehen lassen. Falls du keinen Multikocher, dafür aber einen Schongarer hast, musst du auf dieses Rezept nicht verzichten: Dann das Fleisch einfach 6 bis 8 Stunden auf niedriger Stufe garen, bis es durch ist. Doch ob Schon oder Multi – am schwierigsten ist sicherlich die Entscheidung, mit welchen Toppings du das fertige Gericht krönen willst (unser Vorschlag: mit allen?).

1 Die Hähnchenbrustfilets in den Multikocher legen, mit Chilipulver, Kreuzkümmel sowie Knoblauch bestreuen und mit Salz und Pfeffer würzen. Gründlich vermengen, damit das Fleisch die Gewürze gut aufnimmt. Das Fleisch anschließend mit der Salsa begießen.

2 Den Multikocher verschließen (es ertönt ein Signalton, wenn er korrekt verschlossen ist) und auf 13 Minuten Kochzeit einstellen. (Je nach Gerätetyp muss sich der Multikocher erst 5 bis 10 Minuten aufwärmen. In dieser Zeit entweicht Dampf, erst danach erscheint die Kochzeit auf dem Display.)

3 Ist die Kochzeit abgelaufen, den Deckel des Multikochers mit einem Geschirrtuch oder Ofenhandschuh von »Verschließen« auf »Dampf entweichen lassen« stellen. Das Abbauen des Dampfdrucks im Gerät kann je nach Modell einige Minuten dauern. Anschließend das Fleisch mit zwei Gabeln auflockern und gleichmäßig mit der Salsa mischen.

4 Die Fleischfüllung auf die Tortillas geben und die Tacos mit Pico de Gallo, Guacamole und Sauerrahm garniert servieren.

Schongarer
Scharfe Kürbissuppe
mit Erdnuss-Gremolata

Für die Suppe

1 kg **Butternutkürbis**, geschält und
in ca. 2½ cm große Würfel geschnitten

2 **Knoblauchzehen**, abgezogen

1 mittelgroße **Zwiebel**, abgezogen
und grob gehackt

425 g **geschälte Tomaten** aus der Dose
mitsamt Saft

1 **Scotch-Bonnet-** oder **Habanero-
Chilischote**, entstielt, entkernt und
grob gehackt

960 ml salzarme **Hühnerbrühe**

Meer- oder **Steinsalz** und
schwarzer Pfeffer, frisch gemahlen

Muskatnuss, frisch gerieben

Für die Erdnuss-Gremolata

60 ml **Olivenöl**

115 g **Semmelbrösel**, vorzugsweise aus
altbackenem Sauerteigbrot

65 g **ungesalzene Erdnüsse**, gehackt

fein abgeriebene Schale von 1 **Bio-Zitrone**

50 g **Koriander**, grob gehackt

Meer- oder **Steinsalz** und
schwarzer Pfeffer, frisch gemahlen

Die Gremolata ist eine klassisch italienische Würzmischung, die zum Garnieren für alle möglichen Gerichte verwendet wird; insbesondere verleiht sie eher schweren Gerichten ein wenig Leichtigkeit. Unsere Version weicht vom Original, das aus Petersilie, Knoblauch und Zitronenschale besteht, etwas ab. Semmelbrösel und Erdnüsse sorgen für einen schönen Crunch, der vor allem glatt pürierte Suppen hervorragend ergänzt. Wir persönlich lieben die Kombination von Koriander mit der Schärfe der Suppe, wissen aber auch, dass nicht jeder unsere Begeisterung für diese Gewürzpflanze teilt. Solltest du zu letzterer Kategorie gehören, kannst du ihn einfach durch Petersilie ersetzen.

1 Für die Suppe Kürbiswürfel, Knoblauchzehen, Zwiebel, Tomaten mitsamt Saft und Chilischote in einen Schongarer geben. Die Brühe angießen, alles mit Salz und Pfeffer würzen und gründlich verrühren. Zugedeckt 3 Stunden auf hoher Stufe oder 6 Stunden auf niedriger Stufe garen.

2 In der Zwischenzeit für die Erdnuss-Gremolata das Olivenöl bei mittlerer Temperatur in einer großen Pfanne erhitzen. Semmelbrösel hinzufügen und unter Rühren 6 bis 8 Minuten anbräunen. Die Erdnüsse dazugeben und unter Rühren 3 bis 5 Minuten mitrösten. Semmelbrösel und Erdnüsse aus der Pfanne in eine Schüssel geben und sofort die Zitronenschale unterrühren. Die Mischung abkühlen lassen und anschließend den Koriander untermengen. Mit Salz und Pfeffer würzen.

3 Die Suppe im Schongarer mit einem Stabmixer pürieren und mit Salz, Pfeffer sowie Muskatnuss abschmecken.

4 Die Suppe auf Schalen verteilen und mit der Gremolata bestreut servieren.

Multikocher
Schmorbraten
mit Blumenkohlpüree

Für den Schmorbraten

700 g **Rindfleisch für einen Schmorbraten**, ausgelöst

Meer- oder **Steinsalz** und **schwarzer Pfeffer**, frisch gemahlen

1 EL **Pflanzenöl**

480 ml **Rinderbrühe**

4 mittelgroße **Karotten**, in ca. 5 cm lange Stücke geschnitten

2 **Knoblauchzehen**, abgezogen und fein gehackt

1 große **Gemüsezwiebel**, abgezogen und in dünne Scheiben geschnitten

2 EL **Mehl**

1 EL **Butter**, zimmerwarm

Für das Blumenkohlpüree

1 Kopf **Blumenkohl** (ca. 1 kg), vom Strunk befreit und in Röschen geteilt

240 ml **Rinderbrühe**

Meer- oder **Steinsalz** und **schwarzer Pfeffer**, frisch gemahlen

1 EL **Sauerrahm**

1 **Knoblauchzehe**, abgezogen und fein gehackt

Schnittlauchröllchen zum Garnieren

Manchmal ist Druck gar nicht so schlecht – etwa wenn David Bowie und Queen davon in »Under Pressure« singen oder wenn's ums Zubereiten eines Schmorbratens geht. Falls du noch nie die »Pressure«-Taste an deinem Multikocher betätigt hast – keine Sorge: Wir sind bei dir, Schritt für Schritt! Du darfst nur nicht vergessen, deine Hände mit einem Geschirrtuch oder Ofenhandschuhen zu schützen, wenn du den Dampf entweichen lässt, dann kann nichts passieren. Und das Ergebnis lohnt das Wagnis, versprochen. Oder hast du vorher schon mal einen so schnell garenden und trotzdem so zarten Schmorbraten oder ein derart cremiges Blumenkohlpüree gegessen? Siehst du!

1 Für den Schmorbraten das Fleisch abspülen und auf der sauberen Arbeitsfläche mit Küchenkrepp gründlich trocken tupfen. Rundum mit Salz und Pfeffer würzen.

2 Den Multikocher auf »Sautieren« schalten; zeigt das Display »Heiß« an, das Pflanzenöl hineingeben. Das Fleisch dazugeben und in jeweils 3 bis 5 Minuten rundum goldbraun anbraten. Brühe, Karotten, Knoblauch und Zwiebelscheiben hinzufügen und gleichmäßig im Multikocher verteilen.

3 Den Multikocher verschließen (es ertönt ein Signalton, wenn er korrekt verschlossen ist) und auf 50 Minuten Garzeit einstellen. (Je nach Gerätetyp muss sich der Multikocher erst 5 bis 10 Minuten aufwärmen. In dieser Zeit entweicht Dampf, erst danach erscheint die Garzeit auf dem Display.) Den Schmorbraten nach Ablaufen der Garzeit 10 Minuten im Topf ruhen lassen. Der Multikocher zählt dabei auf dem Display mit.

4 Ist die Garzeit abgelaufen, den Deckel des Multikochers mit einem Geschirrtuch oder Ofenhandschuh von »Verschließen« auf »Dampf entweichen lassen« stellen. Das Abbauen des Dampfdrucks im Gerät kann je nach Modell einige Minuten dauern. Anschließend den Schmorbraten mitsamt dem Gemüse mithilfe einer Zange aus dem Multikocher nehmen und auf eine

Servierplatte oder ein Schneidbrett geben; die Flüssigkeit im Multikocher lassen. Fleisch und Gemüse zum Warmhalten mit Alufolie bedecken.

5 Den Multikocher erneut auf »Sautieren« schalten und die Flüssigkeit darin zum Kochen bringen. In der Zwischenzeit Mehl und Butter in einer kleinen Schüssel zu einer dicken Paste verrühren. 3 Esslöffel der Garflüssigkeit aus dem Multikocher dazugeben und die Mischung glatt rühren. Zur Garflüssigkeit im Multikocher geben und 1 bis 2 Minuten unterrühren, bis alles auf Saucenkonsistenz eingedickt ist. Den Multikocher aus-schalten. Die Sauce durch ein Sieb in eine kleine Schüssel ab-gießen und zugedeckt warm halten. Den Multikocher säubern und wieder einschalten.

6 Für das Blumenkohlpüree die Röschen in den Multikocher geben und die Brühe angießen. Mit Salz und Pfeffer würzen. Den Multikocher verschließen (es ertönt ein Signalton, wenn er korrekt verschlossen ist) und auf 5 Minuten Garzeit einstellen. Ist die Garzeit abgelaufen, den Deckel des Multikochers mit einem Geschirrtuch oder Ofenhandschuh von »Verschließen« auf »Dampf entweichen lassen« stellen. Das Abbauen des Dampfdrucks im Gerät kann je nach Modell einige Minuten dauern. Anschließend den Blumenkohl in ein Sieb abgießen.

7 Den Blumenkohl in den Multikocher zurückgeben und mit einem Kartoffelstampfer oder einer Gabel zu einem glatten Püree zerdrücken. Sauerrahm und Knoblauch unterrühren und mit Salz sowie Pfeffer abschmecken.

8 Das Blumenkohlpüree in eine Schüssel füllen, mit Schnittlauch-röllchen garnieren und zu Schmorbraten, Gemüse sowie Sauce servieren.

Kichererbseneintopf

mit Chili und Koriander

Für 6 Portionen

400 g **getrocknete Kichererbsen**

60 ml **Olivenöl**

1 EL **Kreuzkümmel**, gemahlen

10 **Knoblauchzehen**, abgezogen

2 mittelgroße **Zwiebeln**, abgezogen und längs halbiert

2 kleine **Karotten**, längs halbiert

2 **Serrano-Chilischoten**, entstielt und entkernt

1 großes Bund **Koriander**, Stängel und Blätter getrennt

Meer- oder **Steinsalz** und **schwarzer Pfeffer**, frisch gemahlen

griechischer Joghurt zum Servieren

Budgetfreundlich? Jepp. Vegetarisch? Jepp. (Sogar vegan, wenn du den Joghurt weglässt.) Knoblauchlecker und voller Proteine? Jepp! Dieses Rezept lässt wirklich kaum einen Wunsch offen. Wir könnten ganze Sonette auf die Kichererbse dichten (»Soll'n wir vergleichen einem Sommertage dich, die du lieblicher und milder bist …?«), doch besonders mögen wir an ihr, dass sie beim Mixen so cremig wird, ganz ohne Milch. Wer hätte gedacht, dass Futter für die Seele so gesund sein kann?

1 Die Kichererbsen in den Multikocher geben. Olivenöl, Kreuzkümmel, Knoblauch, Zwiebeln, Karotten, Chilischoten, Korianderstängel, 2 Teelöffel Salz und 1½ Liter Wasser dazugeben.

2 Den Multikocher verschließen (es ertönt ein Signalton, wenn er korrekt verschlossen ist) und auf 40 Minuten Kochzeit einstellen. (Je nach Gerätetyp muss sich der Multikocher erst 5 bis 10 Minuten aufwärmen. In dieser Zeit entweicht Dampf, erst danach erscheint die Kochzeit auf dem Display.)

3 Ist die Kochzeit abgelaufen, den Deckel des Multikochers mit einem Geschirrtuch oder Ofenhandschuh von »Verschließen« auf »Dampf entweichen lassen« stellen. Das Abbauen des Dampfdrucks im Gerät kann je nach Modell einige Minuten dauern. Anschließend die Hälfte der Kichererbsen mit einem Schaumlöffel herausheben und in eine Schüssel geben.

4 Die restlichen Zutaten im Multikocher mit dem Stabmixer im Topf pürieren. Die beiseitegestellten ganzen Kichererbsen sowie die Hälfte der Korianderblätter unterrühren und den Eintopf mit Salz und Pfeffer würzen.

5 Den Eintopf auf Suppenschalen verteilen und jede Portion mit 1 Klecks Joghurt garnieren. Mit den restlichen Korianderblättern bestreuen und heiß servieren.

Multikocher
Huhn-Reis-Eintopf
mit Ingwer

1 ganzes **Suppenhuhn** (1,4–1,8 kg)

2 **Frühlingszwiebeln**, quer halbiert
+ dünn geschnittene Frühlingszwiebelringe
zum Garnieren

1 Stück **Ingwer**, ca. 12 cm lang,
geschält und halbiert

150 g **Jasminreis**, gründlich abgespült

1 EL **geröstetes Sesamöl**
+ etwas mehr zum Servieren

1 EL **Meer-** oder **Steinsalz**

schwarzer Pfeffer, frisch gemahlen

Sesamsamen, geröstet, und
Sojasauce zum Servieren

Sowohl Hühnersuppe als auch Ingwer sind beliebte Hausmittel, die bei der gemeinen Erkältung helfen. Da sie in diesem Eintopf gemeinsam vorkommen, könnte man Letzteren vielleicht als Supermedizin vermarkten … okay, deine Erkältung wirst du mit diesem Rezept vielleicht nicht los, aber wir garantieren dir, dass du dich nach dem Genuss des Eintopfs besser fühlen wirst (ob du nun krank bist oder nicht). Ach ja, und hier noch unser heißer Ingwertipp: Du kannst die krumme Knolle einfach mit dem Rand eines Teelöffels schälen!

1 Das Suppenhuhn in den Multikocher legen. Halbierte Frühlingszwiebeln, Ingwer, Reis, Sesamöl, Salz und 1½ Liter Wasser dazugeben (**A**).

2 Den Multikocher verschließen (es ertönt ein Signalton, wenn er korrekt verschlossen ist) und auf 20 Minuten Kochzeit einstellen (**B**). (Je nach Gerätetyp muss sich der Multikocher erst 5 bis 10 Minuten aufwärmen. In dieser Zeit entweicht Dampf, erst danach erscheint die Kochzeit auf dem Display.)

3 Ist die Kochzeit abgelaufen, den Deckel des Multikochers mit einem Geschirrtuch oder Ofenhandschuh von »Verschließen« auf »Rasches Dampfentweichen« stellen. Bei dieser Einstellung dauert es nur 1 bis 2 Minuten, bis der Dampfdruck im Gerät abgebaut ist (**C**). Anschließend das Huhn mithilfe einer Küchenzange aus dem Multikocher nehmen und in eine Schüssel geben. Das Huhn von Haut und Knochen befreien und das Fleisch mit zwei Gabeln zerpflücken (**D**). Das Fleisch wieder in den Topf geben und mit den restlichen Zutaten vermengen.

4 Den Eintopf mit Pfeffer würzen und auf Suppenschalen verteilen. Mit einem Topping aus Frühlingszwiebelringen, Sesamöl, Sesamsamen und Sojasauce servieren.

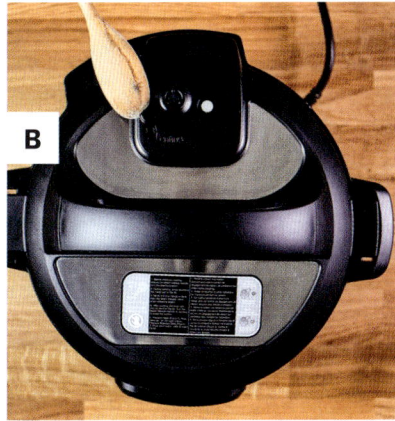

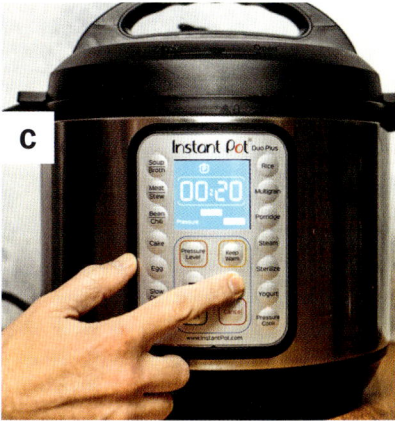

Schongarer
Schwertfischeintopf
mit Tomaten, Auberginen und Oliven

60 ml **Olivenöl extra vergine**
+ etwas mehr zum Beträufeln

½ TL **Chiliflocken**, zerdrückt

3 **Knoblauchzehen**, abgezogen und
fein gehackt

1,5 kg **ganze geschälte Tomaten** aus der
Dose mitsamt Saft, von Hand zerdrückt

1 große **Aubergine** (ca. 700 g),
in ca. 1 cm große Würfel geschnitten

240 ml **Gemüsebrühe** oder Wasser

Meer- oder **Steinsalz** und
schwarzer Pfeffer, frisch gemahlen

4 ca. 2½ cm dicke **Schwertfischsteaks**
ohne Haut à ca. 170 g

180 g große **grüne Oliven**, entsteint und
grob gehackt

40 g **Kapern**, abgegossen und abgespült

5 g **glatte Petersilie**, grob gehackt
+ etwas mehr zum Bestreuen

1 EL **Zitronensaft**, frisch gepresst

knuspriges Brot oder gekochte **Polenta**
zum Servieren

Im Gegensatz zu zarterem weißfleischigem Fisch wie beispielsweise Tilapia ähnelt das Fleisch des Schwertfischs eher einem Steak aus dem Meer. Doch wer nun Angst hat, die Fischsorte geriete ihm zu zäh, den können wir beruhigen: Der Schongarer ist definitiv mächtiger als das Schwert! Zudem zeichnet sich Schwertfisch durch sein kräftiges Aroma aus, weshalb salzige Kapern und Oliven, säuerliche Tomaten und scharfe Chiliflocken ausgezeichnet zu ihm passen. Ein Eintopf, der an Würzigkeit kaum zu überbieten ist!

1 Olivenöl, Chiliflocken, Knoblauch, Tomaten mitsamt Saft, Auberginenwürfel und Brühe in einen Schongarer mit 6½ Liter Fassungsvermögen geben. Mit Salz und Pfeffer würzen und gründlich verrühren. Zugedeckt 3 Stunden auf hoher Stufe oder 6 Stunden auf niedriger Stufe garen.

2 Die Schwertfischsteaks rundum mit Salz und Pfeffer würzen. Anschließend in die Tomaten-Auberginen-Sauce im Schongarer legen; dabei darauf achten, dass der Fisch vollständig mit Flüssigkeit bedeckt ist. Mit Oliven und Kapern bestreuen und alles zugedeckt weitere 30 Minuten auf hoher Stufe garen, bis der Schwertfisch durch ist.

3 Die Schwertfischsteaks mit einem Löffel aus dem Schongarer heben und einzeln in Suppenschalen anrichten. Petersilie und Zitronensaft unter die Sauce rühren und diese anschließend über die Schwertfischsteaks schöpfen. Mit Petersilie bestreuen und mit Olivenöl beträufeln. Den Schwertfischeintopf heiß mit knusprigem Brot oder Polenta servieren.

5 Zutaten (oder weniger)

Chiliglasierter Lachs

Wenn du erst einmal ein Glas asiatische süße Chilisauce in deinem Kühlschrank stehen hast, besteht die große Herausforderung fortan darin, sie nicht zu allem zu essen – so lecker ist die scharf-süße Mischung aus Chilischoten, Essig, Zucker und Knoblauch. Man kann praktisch alles in sie dippen, von Pommes bis zu Frühlingsrollen, und wie dieses Rezept beweist, macht sie sich auch exzellent als bereits fertige Marinade. Durch den Karamellisierungsprozess bildet sie eine köstliche Kruste auf dem Fisch (und natürlich auch anderswo, z.B. auf Gemüse …).

Für 4 Portionen

‹· ›

4 **Lachsfilets** mit Haut à ca. 115 g

Meer- oder **Steinsalz** und **schwarzer Pfeffer**, frisch gemahlen

175 g **süße Chilisauce**

50 g **Frühlingszwiebeln**, fein gehackt

gekochte **Brokkoliröschen** oder **Zuckerschoten** zum Servieren

1 Den Backofen auf 200 °C vorheizen und ein Backblech mit Backpapier oder Alufolie belegen.

2 Die Lachsfilets mit der Hautseite nach unten auf das vorbereitete Blech legen und mit Salz sowie Pfeffer würzen.

3 In einer kleinen Schüssel Chilisauce und Frühlingszwiebeln verrühren. Die Sauce über die Lachsfilets geben; dabei darauf achten, dass der Fisch vollständig bedeckt ist. Die Lachsfilets 12 bis 15 Minuten im Ofen garen, dann sind sie gerade medium.

4 Den Fisch mit einem Pfannenwender auf Teller heben und dabei die Haut auf dem Backblech lassen. Mit Brokkoliröschen oder Zuckerschoten servieren.

in vier Varianten →

MEAL PREP

Variante 1

Mit gedünstetem Brokkoli serviert.

In mundgerechte Stücke geteilt und mit gebratenem Reis serviert.

Variante 2

Fein gehackt mit Reis als Füllung für Sushiröllchen.

Variante 3

Mit Beilagensalat aus Weißkohl- sowie Karottenstreifen und einem Dressing aus Reisessig sowie geröstetem Sesamöl.

Variante 4

Mac 'n' Cheese
mit Blumenkohl

1 Kopf **Blumenkohl** (ca. 1 kg),
vom Strunk befreit und in Röschen geteilt

120 g **Sauerrahm** oder
griechischer Joghurt

115 g **Cheddar**, gerieben

Meer- oder **Steinsalz** und
schwarzer Pfeffer, frisch gemahlen

glatte Petersilie, fein gehackt,
zum Garnieren (optional)

grüner Salat zum Servieren

Gibt es – kulinarisch gesehen – eigentlich irgendetwas, das Blumenkohl nicht kann? Er gibt einen tollen Pizzaboden ab und schmeckt als cremiges Püree ebenso gut wie als Pfannengemüse. Und nun kommen wir auch noch mit dieser unglaublich leckeren Low-Carb-Variante eines amerikanischen Klassikers daher. Wir lieben Kohlenhydrate zwar genauso wie alle anderen auch (oder … wahrscheinlich sogar noch mehr – kennst du unsere Desserts schon?), aber manchmal will man Carboloading trotzdem vermeiden. Und – Pasta, hör mal weg – dieses Gericht schmeckt obendrein noch so gut, dass man die Nudeln gar nicht vermisst. Unser Mac 'n' Cheese mit Blumenkohl eignet sich übrigens auch hervorragend für Kinder, die kein Gemüse mögen. Noch nicht …

1 In einem großen Topf Wasser bei hoher Temperatur zum Kochen bringen. Die Blumenkohlröschen hineingeben und etwa 5 Minuten darin garen. In ein Sieb abgießen und anschließend in den Topf zurückgeben.

2 Die Temperatur auf niedrig reduzieren und den Sauerrahm mit dem Blumenkohl vermengen. Den Cheddar hinzufügen und so lange verrühren, bis der Käse geschmolzen ist. Mit Salz und Pfeffer würzen.

3 Den Topf vom Herd nehmen und den Blumenkohl auf vier Teller verteilen. Nach Belieben mit Petersilie bestreuen und mit grünem Salat servieren.

Süßkartoffeln
mit Grillhähnchenfüllung

2 große **Süßkartoffeln**

2 EL **Olivenöl**

Meer- oder **Steinsalz** und
schwarzer Pfeffer, frisch gemahlen

140 g **Rotkohl**, in feine Streifen
geschnitten

200 g **Barbecuesauce**
+ etwas mehr zum Servieren

Brustfleisch von 1 **Grillhähnchen**,
fein gehackt

40 g **Frühlingszwiebeln**,
in feine Ringe geschnitten

Wir wären die Letzten, die angesichts einer nur zur Hälfte selbst zubereiteten Mahlzeit die Augenbrauen heben würden. Erwachsen zu sein ist echt schwer (hey – wer muss jeden Tag sein Geschirr selbst spülen?), weshalb es in unseren Augen absolut keine Schande ist, in der Küche ein bisschen zu tricksen. Apropos: Dazu eignen sich gekaufte Grillhähnchen bestens, und zwar nicht nur in diesem Rezept, sondern fürs Meal Prepping im Allgemeinen. Für unsere gefüllten Süßkartoffeln brauchst du nur das Brustfleisch des Grillhähnchens, den Rest kannst du für ein anderes Rezept verwenden (beispielsweise für die Blätterteigtaschen mit Huhn, Brokkoli und Cheddar, siehe S. 160).

1 Den Backofen auf 220 °C vorheizen und ein Backblech mit Backpapier oder Alufolie belegen.

2 Die Süßkartoffeln auf das vorbereitete Backblech legen und rundum mit einer Gabel einstechen. Mit Olivenöl einreiben und mit Salz sowie Pfeffer würzen. Die Süßkartoffeln 40 bis 50 Minuten im Ofen backen, bis sie gar sind, d. h. ein in die Mitte hineingestecktes Gemüsemesser nicht mehr hängen bleibt. Aus dem Ofen nehmen und 10 Minuten abkühlen lassen.

3 Eine mittelgroße Pfanne bei mittlerer Temperatur erhitzen und Rotkohlstreifen sowie Barbecuesauce darin unter Rühren rund 3 Minuten garen (**A**). Die gehackte Hähnchenbrust unterrühren (**B**). Anschließend die Pfanne vom Herd nehmen und die Mischung mit Salz sowie Pfeffer würzen (**C**).

4 Die Süßkartoffeln längs halbieren und das Fruchtfleisch mit einem Löffel herausheben; dabei eine etwa ½ Zentimeter dicke Schicht in der Schale lassen (**D**). Das herausgekratzte Fruchtfleisch in eine Schüssel geben und mit einer Gabel glatt rühren. Mit Salz und Pfeffer würzen und beiseitestellen.

5 Die Kohl-Hähnchen-Füllung in die Süßkartoffelhälften geben (**E**), mit Barbecuesauce beträufeln und mit Frühlingszwiebelringen bestreuen. Das Süßkartoffelpüree dazu servieren.

★ Flanksteak
mit Senfzwiebeln und Rosmarin

1 EL **Olivenöl**

1 **Flanksteak**, ca. 800 g, quer halbiert

Meer- oder **Steinsalz** und
schwarzer Pfeffer, frisch gemahlen

1 kleine **Zwiebel**, abgezogen und
längs in feine Scheiben geschnitten

1 **Knoblauchzehe**, abgezogen und
fein gehackt

Nadeln von 1 kleinen Zweig **Rosmarin**,
fein gehackt + etwas mehr zum Garnieren

2 EL **Dijonsenf**

gekochte **Kartoffeln** oder **Nudeln**
zum Servieren

Das Karamellisieren von Zwiebeln ist eine kulinarische Fähigkeit, die man wieder und wieder braucht. Hast du dich erst mit der Technik vertraut gemacht, werden dir mit der Zeit immer mehr Einsatzmöglichkeiten einfallen. Die kleinen süßen und doch herzhaften Wunder eignen sich nämlich durchaus auch als Pizzabelag, zum Garnieren von Burgern, zum Aufpeppen von Rühreiern und, und, und … Den Rest überlassen wir deiner Fantasie. Die Technik selbst könnte einfacher nicht sein; oberstes Gebot ist lediglich häufiges Umrühren, denn schließlich sollen die Zwiebeln nur zart goldbraun werden.

1 Das Olivenöl bei mittlerer bis hoher Temperatur in einer großen Pfanne erhitzen. Das Fleisch rundum mit Salz und Pfeffer würzen und auf einer Seite 5 bis 6 Minuten in dem Öl anbraten. Wenden und 4 Minuten auf der anderen Seite braten, es sollte medium-rare sein. Das Fleisch aus der Pfanne nehmen und auf einen Teller legen.

2 Die Hitze auf mittlere Temperatur reduzieren und Zwiebelscheiben, Knoblauch sowie Rosmarin in die Pfanne geben. Etwa 6 Minuten unter Rühren braten, dabei den Bratensatz vom Pfannenboden lösen. Den Senf unterrühren, 120 Milliliter Wasser angießen und die Mischung zum Kochen bringen. 3 bis 4 Minuten köcheln lassen, bis die Sauce eindickt. Die Pfanne vom Herd nehmen und die Zwiebelmischung mit Salz und Pfeffer würzen.

3 Das Fleisch in dünne Scheiben schneiden und auf vier Tellern anrichten. Die Senfzwiebeln darübergeben und alles mit Rosmarin garnieren. Mit Kartoffeln oder Nudeln servieren.

Ravioli-»Lasagne«
für Faule

Olivenöl für die Form

700 g **Ravioli mit Käsefüllung**

675 g **Tomatensauce mit Fleisch** (à la Bolognese)

225 g geriebener **Mozzarella**

Salatblätter zum Servieren (optional)

Wir von Tasty liiiiieben Abkürzungen, und wenn diese dann auch noch eine Doppelportion Käse mit sich bringen, dann ist das zwar Käse, aber noch längst kein Unsinn und obendrein megalecker – der Käse ist bestimmt bald gegessen! Okay, Schluss mit den Wortspielen: Dieses Gericht eignet sich perfekt für alle, die abends unter der Woche einfach keine Lust mehr haben zu kochen. Da du die Lasagneblätter durch gekaufte Ravioli ersetzt, sparst du dir einen Zubereitungsschritt (das Kochen der Nudeln) und bekommst dafür eine Extraschicht himmlische Käsigkeit.

1 Den Backofen auf 200 °C vorheizen und ein Backblech mit Alufolie belegen. Eine Auflaufform (etwa 2½ Liter Fassungsvermögen) mit Olivenöl einfetten und auf das vorbereitete Backblech stellen.

2 Die Hälfte der Ravioli gleichmäßig auf dem Boden der Auflaufform verteilen (**A**) und mit der Hälfte der Tomatensauce bedecken (**B**). Die Sauce gleichmäßig mit der Hälfte des geriebenen Mozzarellas bestreuen (**C**). Mit den restlichen Ravioli gleichmäßig bedecken und die restliche Tomatensauce darübergeben (**D**). Zum Schluss den restlichen Mozzarella daraufstreuen (**E**). Die fertig geschichtete »Lasagne« (**F**) mit ausreichend Alufolie bedecken.

3 Die »Lasagne« 30 Minuten im Ofen backen. Anschließend die Alufolie entfernen und die »Lasagne« in etwa 10 Minuten fertig backen, bis sie in der Mitte Blasen wirft und der Käsebelag goldbraun ist.

4 Die »Lasagne« 10 Minuten abkühlen lassen und nach Belieben mit Salatblättern garniert servieren.

★ Salsahähnchen
mit Avocado

8 **Hähnchenschenkel**
mit Haut, ohne Knochen (ca. 1,4 kg)

Meer- oder **Steinsalz** und
schwarzer Pfeffer, frisch gemahlen

780 g **Salsa verde**

120 ml **Weißwein**

2 reife **Avocados**, entsteint, geschält und
in Würfel geschnitten

15 g **Koriander**, fein gehackt

Tortillas, erwärmt,
zum Servieren (optional)

Wir möchten nun über etwas sprechen, das uns sehr am Herzen liegt: Pfannensauce. Diese stellt sicher, dass du auch nicht ein Fitzelchen Fett, das du aus dem angebratenen Fleisch ausgelassen hast, verschwendest; obendrein schmeckt das Fleisch mit dieser Sauce noch aromatischer. In diesem Rezept deglacierst du (schickes Küchensprech für »ablöschen«) den Pfanneninhalt mit Weißwein und fügst dann Salsa hinzu, was eine Schmorsauce ergibt, die das Hähnchenfleisch unglaublich zart macht. Ganz nach unserem Motto: Nix umkommen lassen, schon gar nicht etwas so Leckeres.

1   Den Backofen auf 200 °C vorheizen.

2   Die Hähnchenschenkel rundum mit Salz und Pfeffer würzen und mit der Hautseite nach unten in eine große, kalte, ofenfeste Pfanne legen. Die Pfanne auf den Herd stellen und die Hähnchenschenkel bei mittlerer bis hoher Temperatur etwa 5 Minuten anbraten, bis die Haut goldbraun ist. Das Fleisch mithilfe einer Küchenzange aus der Pfanne nehmen und auf Küchenkrepp abtropfen lassen.

3   Salsa und Wein in die Pfanne geben und unter Rühren den Bratensatz lösen. Die Pfanne vom Herd nehmen. Das Fleisch mit der Hautseite nach oben wieder hineinlegen, es sollte halb mit Sauce bedeckt sein. Die Pfanne in den Ofen stellen und das Fleisch in rund 30 Minuten fertig garen; es sollte zart und die Sauce eingedickt sein.

4   Die Pfanne aus dem Ofen nehmen, die Avocadowürfel gleichmäßig um das Fleisch herum verteilen. Die Hähnchenschenkel etwa 10 Minuten in der Sauce ruhen lassen.

5   Hähnchenschenkel, Avocadowürfel und Sauce mit Koriander bestreuen und das Salsahähnchen nach Belieben mit erwärmten Tortillas servieren.

Pikante Reisnudeln

mit Schweinehack und Frühlingszwiebeln

400 g breite, flache **Reisnudeln**

2 EL **geröstetes Sesamöl**
+ etwas mehr zum Beträufeln

680 g **Schweinehackfleisch**

6 **Frühlingszwiebeln**, weiße und
hellgrüne Teile fein gehackt, dunkelgrüne
Teile in feine Ringe geschnitten

Meer- oder **Steinsalz** und
schwarzer Pfeffer, frisch gemahlen

2 EL **Chili-Knoblauch-Paste**
+ etwas mehr zum Garnieren

Reisnudeln sind aus der thailändischen und vietnamesischen Küche nicht wegzudenken, und wer je Pad Thai gegessen hat, weiß auch, warum das so ist. Die Nudeln lassen sich genauso leicht kochen wie Weizenpasta (und sind außerdem glutenfrei), bedürfen aber einer etwas anderen Zubereitungstechnik: Für sie muss das Wasser erst gekocht und anschließend über die Nudeln gegossen werden, sodass sie nur darin ziehen. Reisnudeln sind etwas zarter als ihr Pendant aus Weizen, sie würden beim Kochen auf dem Herd zerfallen. Mit dem knusprigen Schweinefleisch, dem nussigen Sesamöl und der scharfen Chili-Knoblauch-Paste ist dieses Gericht ein Volltreffer für alle Fans der asiatischen Küche.

1 Die Nudeln in eine große Schüssel füllen und mit kochendem Wasser bedecken. 5 Minuten in dem Wasser einweichen.

2 In der Zwischenzeit das Sesamöl bei hoher Temperatur in einem Wok oder in einer großen Pfanne erhitzen. Das Schweinehackfleisch sowie die gehackten Frühlingszwiebeln hineingeben, mit Salz und Pfeffer würzen und 6 bis 8 Minuten unter Rühren anbraten, bis das Fleisch leicht Farbe genommen hat.

3 Die Nudeln abgießen, dabei jedoch 60 Milliliter des Einweichwassers auffangen. Nudeln, aufgefangenes Einweichwasser und Chili-Knoblauch-Paste in den Wok geben und unter ständigem Rühren erhitzen, bis die Nudeln gleichmäßig mit Sauce bedeckt sind.

4 Die Nudeln mit der Sauce auf Teller verteilen und mit den Frühlingszwiebelringen garnieren. Mit Sesamöl beträufeln und nach Belieben noch etwas Chili-Knoblauch-Paste dazu servieren.

Paprika aus der Pfanne
mit Garnelen und Knoblauch

3 EL **Olivenöl**

700 g **Riesengarnelen** mit Schwanz, geschält und vom Darmfaden befreit

Meer- oder **Steinsalz** und **schwarzer Pfeffer**, frisch gemahlen

3 mittelgroße **Paprikaschoten**, vorzugsweise rote und gelbe oder orangefarbene, keine grünen, längs in feine Streifen geschnitten

4 **Knoblauchzehen**, abgezogen und in sehr feine Scheiben geschnitten

1½ TL **geräuchertes Paprikapulver**

2 EL **glatte Petersilie**, fein gehackt

gekochter **Reis** oder knuspriges **Brot** zum Servieren

Jeder häusliche Küchenchef braucht unbedingt ein gutes Pfannengericht in seinem Repertoire, denn Pfannengerichte sind leicht und schnell zuzubereiten und ungeheuer vielseitig. Wir stehen auf die Kombi von Garnelen und Paprika, doch wer es grüner mag und das Gemüsefach voll hat, wirft einfach noch Brokkoli, Spargel oder Zuckerschoten mit in die Pfanne. Pfanntastisch!

1 2 Esslöffel Olivenöl in eine große Pfanne geben und bei mittlerer bis hoher Temperatur erhitzen. Die Garnelen rundum mit Salz und Pfeffer würzen und nebeneinander in die Pfanne legen. In etwa 2 Minuten auf der Unterseite goldbraun braten. Die Garnelen wenden und rund 2 Minuten weiterbraten. Aus der Pfanne nehmen und auf einen Teller legen.

2 Die Temperatur wieder auf mittel bis hoch erhöhen und das restliche Olivenöl in die Pfanne geben. Paprikastreifen und Knoblauchscheiben dazugeben, mit Salz und Pfeffer würzen und unter gelegentlichem Rühren 5 bis 7 Minuten braten, bis die Paprikastreifen zart gegart und leicht gebräunt sind. Mit dem geräucherten Paprikapulver bestreuen und unter Rühren etwa 1 Minute weiterbraten, bis das Gewürz zu duften beginnt.

3 Paprika und Garnelen auf vier Teller verteilen, mit Petersilie bestreuen und mit Reis oder Brot servieren.

In 20 Minuten auf dem Tisch

Zucchini-Parmesan-
Küchlein

Natürlich sollten wir alle mehr Gemüse essen. Aber wie heißt es doch so schön? Der Weg zu den nächtlichen Sour-Cream-and-Onion-Chips ist mit guten Vorsätzen gepflastert. Zum Glück schaffen wir mit diesen Küchlein aus fast einem Pfund Zucchini Abhilfe. Sie sind nicht nur gesund, sondern auch ideal für alle Meal Prepper geeignet: Sie passen zu Fisch und Nudeln und können aufgrund ihrer Größe sogar zu Sandwiches zusammengeklappt werden. Ganz zu schweigen davon, dass man sie auch mit allerhand belegen kann.

Für 4 Portionen

‹• • • • • • • • • • • • • • • ›

450 g **Zucchini**, fein gehackt

45 g **Parmesan**, gerieben

60 g **Mehl**

2 EL **Zitronensaft**, frisch gepresst

3 **Knoblauchzehen**, abgezogen und fein gehackt

1 **Ei** (Größe L)

Meer- oder **Steinsalz** und **schwarzer Pfeffer**, frisch gemahlen

2 EL **Pflanzenöl** + bei Bedarf etwas mehr

Sauerrahm und **grüner Salat** oder **Kartoffelpüree** zum Servieren

1 In einem großen Topf 500 Milliliter Wasser zum Kochen bringen. Die Zucchini hineingeben und unter Rühren etwa 3 Minuten darin garen. Anschließend in ein Sieb abgießen und 5 Minuten abkühlen lassen.

2 Die Zucchini in eine große Schüssel geben. Parmesan, Mehl, Zitronensaft, Knoblauch und Ei unterrühren. Mit Salz und Pfeffer würzen und noch einmal gründlich vermengen.

3 Das Pflanzenöl bei mittlerer bis hoher Temperatur in einer großen Pfanne erhitzen und den Zucchiniteig portionsweise – 1 gehäufter Esslöffel pro Küchlein – in etwa 4 Minuten knusprig-goldbraun darin ausbacken. Dabei leicht flach drücken und einmal wenden. Die fertigen Küchlein auf Küchenkrepp abtropfen lassen und mit etwas Salz bestreuen. Bei Bedarf zwischendurch noch ein wenig Öl in die Pfanne geben.

4 Die Zucchini-Parmesan-Küchlein auf vier Tellern anrichten und mit Sauerrahm und grünem Salat oder Kartoffelpüree servieren.

in vier Varianten

MEAL PREP

Variante 1

Mit Kabeljau oder einem anderen Fisch mit festem weißem Fleisch serviert.

Variante 2

Mit einer Beilage aus Eiernudeln mit Butter und Parmesan.

Mit Avocadopüree bestrichen serviert.

Als Minisandwich mit Räucherlachs, roter Zwiebel und Sauerrahm belegt.

Variante 4

Variante 3

Überbackene
Hähnchenbrust mit Bohnen

2 EL **Pflanzenöl**

ca. 1 kg **Hähnchenbrustfilets** ohne Haut, in ca. 1 cm große Stücke geschnitten

Meer- oder **Steinsalz** und **schwarzer Pfeffer**, frisch gemahlen

1 kleine **Gemüsezwiebel**, abgezogen und fein gehackt

2 **Knoblauchzehen**, abgezogen und fein gehackt

2 EL **Chilipulver**

1 EL **Mehl**

2 TL **Koriander**, gemahlen

1 TL **Kreuzkümmel**, gemahlen

850 g **Cannellini-Bohnen** aus der Dose, abgegossen und abgespült

550 g **gehackte Tomaten** aus der Dose

340 g **Parmesan** (oder alter Gouda), gerieben

Korianderblätter zum Garnieren (optional)

Schnell zubereitet, lecker und mit minimalem Abwasch? Oh ja – dieses Gericht erfüllt die drei wichtigsten Ansprüche, die Vielbeschäftigte unter der Woche ans Abendessen stellen. Und da wir gerade von Powertrios sprechen: Koriander, Kreuzkümmel und Chilipulver verleihen den Aromen in diesem Gericht ihre Vielschichtigkeit. Das klassische Duo Koriander und Kreuzkümmel ist in der südasiatischen und lateinamerikanischen Küche allgegenwärtig und für die erdigen sowie zitrusähnlichen Noten verantwortlich, die perfekt zur Schärfe des Chilipulvers passen.

1 Den Backofen auf 220 °C vorheizen.

2 Das Pflanzenöl in einer großen, ofenfesten Pfanne bei mittlerer bis hoher Temperatur erhitzen. Das Fleisch mit Salz und Pfeffer würzen und unter Rühren etwa 5 Minuten in dem Öl anbraten, bis es leicht gebräunt ist. Zwiebel sowie Knoblauch hinzufügen und unter Rühren rund 5 Minuten mitbraten, bis die Zwiebel weich und das Fleisch gar ist. Chilipulver, Mehl, gemahlenen Koriander und Kreuzkümmel unterrühren.

3 Die Pfanne vom Herd nehmen und Bohnen sowie Tomaten unter die Fleischmischung rühren. Gleichmäßig mit dem geriebenen Käse bestreuen und anschließend in der Pfanne im Ofen etwa 10 Minuten überbacken, bis der Käse geschmolzen und leicht gebräunt ist.

4 Die Pfanne aus dem Ofen nehmen und die überbackene Hähnchenbrust vor dem Servieren nach Belieben mit Korianderblättern bestreuen.

Nudelpfanne
mit Rind und Brokkoli

Für 4 Portionen

250 g **Instant-Ramen**, ungewürzt

80 ml **Sojasauce**

2 EL **geröstetes Sesamöl**

2 EL **Limettensaft**, frisch gepresst

1 TL **Speisestärke**

½ TL **Meer-** oder **Steinsalz**

3 TL **Olivenöl**

340 g **Flanksteak**, in dünne Scheiben geschnitten

1 mittelgroße **Zwiebel**, abgezogen und in dünne Scheiben geschnitten

1 **Knoblauchzehe**, abgezogen und fein gehackt

350 g **Brokkoliröschen**

2 EL **Frühlingszwiebeln**, in feine Ringe geschnitten

2 EL **Koriander**, fein gehackt

1½ TL **Sesamsamen**, geröstet

In den USA fallen die japanischen Ramen-Nudeln seit Kurzem nicht mehr ausschließlich in die Zuständigkeit von Studenten, die knapp bei Kasse sind, und auch bei uns werden sie mittlerweile nicht mehr als nährstoffarmes Fertigprodukt verteufelt – nicht zuletzt deshalb, weil Instant-Ramen eine tolle Zutat für die unterschiedlichsten Wok- und Pfannengerichte abgeben. Weiterhin zeitsparend an diesem Rezept: Der Brokkoli wird in der Mikrowelle vorgegart und muss sich so weniger lange in der Pfanne aufhalten.

1 Die Instant-Nudeln in eine große Schüssel geben und mit knapp 2 Liter kochendem Wasser bedecken. 4 bis 6 Minuten ziehen lassen, dabei gelegentlich umrühren. In ein Sieb abgießen und kalt abspülen. In die Schüssel zurückgeben und mit Klarsichtfolie bedeckt feucht halten.

2 In der Zwischenzeit Sojasauce, Sesamöl, Limettensaft, Speisestärke und Salz in einer kleinen Schüssel verrühren.

3 1 Teelöffel Olivenöl bei hoher Temperatur in einer großen, beschichteten Pfanne erhitzen. Das Fleisch in die Pfanne geben, mit 2 Esslöffel Sauce beträufeln und unter Wenden etwa 2 Minuten anbraten. Anschließend in eine Schüssel geben.

4 1 weiterer Teelöffel Olivenöl in die Pfanne geben, Zwiebel und Knoblauch hinzufügen und unter häufigem Rühren etwa 4 Minuten darin andünsten, bis alles leicht gebräunt ist. In der Zwischenzeit den Brokkoli in eine große mikrowellenbeständige Schüssel füllen und 2 Minuten in der Mikrowelle garen. In die Pfanne geben und unter Rühren 2 Minuten weiterbraten. Die Mischung zum Fleisch in der Schüssel geben.

5 Das restliche Olivenöl in die Pfanne geben. Nudeln und restliche Sauce hinzufügen und unter konstantem Rühren braten, bis die Nudeln die Sauce vollständig aufgesogen haben. Brokkoli und Fleisch wieder in die Pfanne füllen und alles gründlich vermengen. Auf einer großen Platte anrichten und mit Frühlingszwiebeln, Koriander und Sesamsamen bestreut servieren.

Vegane
Fettuccine Alfredo

2 TL **Meer-** oder **Steinsalz**
+ etwas mehr für das Nudelwasser

450 g **Fettuccine**

60 ml **Olivenöl**

30 g **Mehl**

480 ml **ungesüßte Mandelmilch**
oder eine andere Nussmilch

300 g **ungeröstete und ungesalzene
Cashewkerne**

10 g **Hefeflocken**

2 EL **Zitronensaft**, frisch gepresst

1 TL **Zwiebelpulver**

1 TL **Knoblauchpulver**

¼ TL **schwarzer Pfeffer**, frisch gemahlen

1 **Knoblauchzehe**, abgezogen und
grob gehackt

glatte Petersilie, fein gehackt,
zum Garnieren (optional)

Fettuccine Alfredo stehen in dem Ruf, schwerer im Magen zu liegen als ein Goldbarren und mehr Milch zu enthalten als ein ganzer Kuhstall. Das hat uns nicht abgeschreckt, und so haben wir beschlossen, dem Gericht einen neuen – das heißt veganen – Anstrich zu geben. Durch die Cashewkerne und die Nussmilch muss Alfredo nichts von seiner Cremigkeit einbüßen (achte jedoch darauf, ungesüßte und nicht aromatisierte Nussmilch zu verwenden). Hefeflocken, auch als Nährhefe bezeichnet, sind übrigens eine deaktivierte Form der Hefe, die keinen Gärungsprozess im Teig in Gang setzt, ihn also nicht gehen lässt. Stattdessen verleiht sie Gerichten ein Umami-Aroma, den Geschmack nach Fleisch oder Käse. Man muss wahrlich kein Veganer sein, um sich in diese Traumsauce zu verlieben!

1 In einem großen Topf gesalzenes Wasser zum Kochen bringen und die Fettuccine darin unter gelegentlichem Rühren in etwa 10 Minuten al dente garen.

2 In der Zwischenzeit das Olivenöl bei mittlerer Temperatur in einem großen Topf erhitzen. Das Mehl hineingeben und unter häufigem Rühren etwa 1 Minute darin anrösten. Die Mandelmilch angießen und unter konstantem Rühren aufkochen und etwas eindicken lassen. Den Topf vom Herd nehmen.

3 2 Teelöffel Salz, Cashewkerne, Hefeflocken, Zitronensaft, Zwiebelpulver, Knoblauchpulver, Pfeffer und gehackten Knoblauch in einen Standmixer geben. Einschalten und langsam die heiße Mandelmilch dazugießen. Die Mischung glatt mixen. Bei Bedarf bis zu 120 Milliliter des Nudelkochwassers dazugießen. Die Sauce in den Topf zurückgeben und bei mittlerer Hitze zum Köcheln bringen.

4 Sind die Nudeln gar, diese in ein Sieb abgießen, dabei aber etwa 200 Milliliter Kochwasser auffangen. Nudeln und aufgefangenes Kochwasser zur Alfredo-Sauce geben und alles gut vermengen. Die Fettuccine Alfredo auf vier Tellern anrichten und nach Belieben mit gehackter Petersilie garniert servieren.

Mediterranes Fladenbrot

1½ EL **Olivenöl**

225 g **Grünkohl**, gehackt

Meer- oder **Steinsalz**

35 g **Pinienkerne**

4 **Knoblauchzehen**, abgezogen und fein gehackt

Chiliflocken, zerdrückt

35 g **sonnengetrocknete Tomaten in Öl**, abgegossen und in feine Streifen geschnitten + 4 TL des Öls

schwarzer Pfeffer, frisch gemahlen

4 flache **Pitabrote**

180 g **Hummus** (Kichererbsenmus)

Wenn dein Magen »Pizza!« schreit, dein Gehirn aber unüberhörbar »Vitamine!« dazwischenfunkt, dann ist dieses Fladenbrot der perfekte Kompromiss. Dank des proteinreichen Hummus und der Pinienkerne ist es reichhaltig genug, um als Hauptgericht zu dienen; darüber hinaus eignet es sich bestens als Appetithäppchen auf Partys.

1 1 Esslöffel Olivenöl in einer großen Pfanne bei mittlerer Temperatur erhitzen. Den Grünkohl hineingeben, mit Salz würzen und unter Rühren in etwa 4 Minuten dünsten. 1 Esslöffel Wasser dazugeben und den Grünkohl 4 Minuten weiterdünsten.

2 Den Grünkohl an den Rand der Pfanne schieben und das restliche Olivenöl in die Mitte der Pfanne geben. Pinienkerne, Knoblauch sowie Chiliflocken hinzufügen und unter Rühren etwa 2 Minuten garen, bis der Knoblauch zu duften beginnt und die Pinienkerne geröstet sind. Die sonnengetrockneten Tomaten dazugeben, mit dem Grünkohl und den restlichen Zutaten in der Pfanne verrühren und alles weitere 3 Minuten garen. Die Pfanne vom Herd nehmen und den Pfanneninhalt mit Salz sowie Pfeffer würzen.

3 In der Zwischenzeit den Ofengrill auf höchster Stufe vorheizen.

4 Die Pitabrote auf ein Backblech legen und mit jeweils 1 Teelöffel Öl aus dem Glas mit den sonnengetrockneten Tomaten bepinseln. In etwa 4 Minuten im Ofen goldbraun grillen, dabei einmal wenden.

5 Die Pitabrote auf ein Schneidbrett geben und mit jeweils 3 Esslöffel Hummus bestreichen. Mit der Grünkohlmischung belegen, jeweils in 4 Stücke schneiden und servieren.

Hähnchenbrustfilet und Krautsalat
mit Miso-Limetten-Dressing

120 ml **Pflanzenöl**

60 ml + 2 EL **Limettensaft**, frisch gepresst

4 EL **weiße Misopaste** (Shiro Miso)

1 TL **Ingwer**, fein gerieben

¼ TL **Zucker**

680 g **Hähnchenbrustfilets** ohne Haut, längs in ca. 1 cm dicke, lange Steaks geschnitten

Meer- oder **Steinsalz** und **schwarzer Pfeffer**, frisch gemahlen

4 mittelgroße **Karotten**, geraspelt

3 große **Frühlingszwiebeln**, nur die weißen und hellgrünen Teile, längs in sehr feine Streifen geschnitten

1 kleiner Kopf **Weißkohl**, geraspelt

25 g **Korianderblätter**

Nichts gegen Misosuppe, aber wenn das das einzige Gericht ist, in dem du die Umami-Wunderpaste je gegessen hast, dann liegt noch jede Menge kulinarisches Neuland vor dir. Miso ist wie gesagt eine Paste aus Sojabohnen, die mit Getreide vergoren wurden – genauer gesagt mit Reis im Fall der weißen Misopaste. Sie ist sehr salzig und eignet sich deshalb perfekt für Marinaden und Dressings. In diesem Rezept kombinieren wir sie mit Limettensaft, Ingwer und Zucker zu einem Krautsalatdressing und einer extraaromatischen Marinade für das Fleisch – ja, Misopaste ist ein wahrer Multitasker! Nach dem Genuss dieses Gerichts wirst sicher auch du zur Gemeinde der Misoanhänger gehören und dich aus diesem Grund auch noch über die folgende Nachricht freuen: Die Paste hält sich rund neun Monate lang in deinem Kühlschrank! Vorausgesetzt, du lässt sie …

1 Pflanzenöl, 60 Milliliter Limettensaft, 3 Esslöffel Misopaste, Ingwer und Zucker in einer kleinen Schüssel zu einem Dressing verrühren (**A**). 120 Milliliter Dressing in eine große Schüssel geben, die restliche Misopaste unterrühren und das Fleisch hinzufügen (**B**). Salzen, pfeffern und gründlich vermengen.

2 Für den Krautsalat den restlichen Limettensaft unter das restliche Dressing rühren und Karotten, Frühlingszwiebeln sowie Weißkohl hineingeben (**C**). Salzen, pfeffern und gründlich vermengen. Mit Klarsichtfolie bedeckt kühl stellen.

3 Den Ofengrill auf höchster Stufe vorheizen und ein Backblech mit Alufolie belegen. Das Fleisch darauflegen und noch einmal mit Salz und Pfeffer würzen (**D**). Rund 6 Minuten im Ofen grillen, bis es gar und oben leicht karamellisiert ist; nach der Hälfte der Garzeit einmal wenden (**E**). Das Backblech aus dem Ofen nehmen.

4 Den Koriander unter den Krautsalat rühren und diesen auf vier Teller verteilen. Das Fleisch darauf anrichten und servieren.

★ Raffinierte Lammkoteletts

Für 4 Portionen

mit Knusperkartoffeln und Minzsalat

3 EL **Olivenöl**

1 EL **Butter**

8 **Lammkoteletts** (insgesamt 800 g)

Meer- oder **Steinsalz** und
schwarzer Pfeffer, frisch gemahlen

680 g **Frühkartoffeln**, in
ca. ½ cm dicke Scheiben geschnitten

4 **Knoblauchzehen**, abgezogen und
zerdrückt

¼ **Schalotte**, abgezogen und
in feine Scheiben geschnitten

1 EL **Rotweinessig**

15 g **Minzblätter**, grob gehackt

15 g **glatte Petersilie**, grob gehackt

10 g **Schnittlauchröllchen**

Du denkst »raffiniert« *und* »in 20 Minuten auf dem Tisch« –
das geht nicht? Bei uns schon! Lamm und Minze sind eine geradezu klassische Kombination, wobei der frische Minzsalat
ganz ausgezeichnet zu den saftigen Lammkoteletts und den
knusprigen Bratkartoffeln passt. Also, auf geht's: Bring ein
wenig Raffinesse in dein Abendessen!

1 2 Esslöffel Olivenöl und die Butter bei mittlerer bis hoher
Temperatur in einer großen Pfanne erhitzen. Die Lammkoteletts rundum mit Salz und Pfeffer würzen und etwa 6 Minuten
in dem Öl braten, bis sie außen braun und innen medium sind.
Dabei nach der Hälfte der Bratzeit einmal wenden. Das Fleisch
auf einen Teller legen und mit Alufolie bedecken, um es warm
zu halten.

2 Die Temperatur erhöhen und Kartoffelscheiben sowie Knoblauch in die Pfanne geben. Mit Salz und Pfeffer würzen und
unter gelegentlichem Rühren in 12 bis 14 Minuten hellbraun
anbraten.

3 In der Zwischenzeit Schalottenscheiben und Essig in einer mittelgroßen Schüssel vermengen und 5 Minuten ziehen lassen.
Das restliche Olivenöl sowie Minze, Petersilie und Schnittlauchröllchen hinzufügen und alles mit Salz und Pfeffer würzen.
Noch einmal gründlich vermengen, damit die Kräuter gut mit
dem Dressing benetzt sind.

4 Die Pfanne vom Herd nehmen und die Kartoffeln auf vier Teller
verteilen. Je 2 Lammkoteletts auf den Kartoffeln anrichten und
mit Minzsalat garniert servieren.

Besser als der Lieferservice

☆ Kartoffel-Erbsen-
Samosas

Eigentlich werden Samosas frittiert, doch wir haben uns hier für die leichtere, im Ofen gebackene Variante entschieden. Die Teigtaschen stecken voller Erbsen, Kartoffeln und traditioneller indischer Gewürze, die ihr Aroma mit der Zeit sogar noch mehr entfalten – ideal fürs Meal Prepping also. Mit einer Extraportion Gemüse oder Eiweiß wird aus den kleinen Täschchen jeden Tag ein anderes köstliches Gesicht.

Für 4 Portionen

‹• • • • • • • • • • • • • • ›

3 EL **Pflanzenöl**
+ etwas mehr zum Bepinseln

1 TL **braune Senfkörner**

1 mittelgroße **Zwiebel**, abgezogen und fein gehackt

1 **Serrano-Chilischote**, entkernt und fein gehackt (optional)

1 TL **Garam Masala**

1 TL **Koriander**, gemahlen

½ TL **Kreuzkümmel**, gemahlen

½ TL **Kurkuma**, gemahlen

½ TL **edelsüßes Paprikapulver**

3 **Knoblauchzehen**, abgezogen und fein gehackt

450 g **mehligkochende Kartoffeln**, geschält, gekocht und in ca. 1 cm große Stücke geschnitten

150 g **TK-Erbsen**, aufgetaut

2 EL **Zitronensaft**, frisch gepresst

Meer- oder **Steinsalz** und **schwarzer Pfeffer**, frisch gemahlen

Mehl für die Arbeitsfläche

450 g **Pizzateig** aus dem Kühlregal

Mango-, Koriander- und/oder **Tamarindenchutney** zum Servieren

1 Das Pflanzenöl in einem mittelgroßen Topf bei mittlerer bis hoher Temperatur erhitzen und die Senfkörner darin rund 1 Minute anbraten, bis sie zu platzen beginnen. Zwiebel und nach Belieben Chili hinzufügen und unter Rühren 8 bis 10 Minuten mitbraten. Garam Masala, Koriander, Kreuzkümmel, Kurkuma, Paprikapulver und Knoblauch unterrühren und alles 1 weitere Minute garen, bis die Gewürze zu duften beginnen.

2 Kartoffeln, Erbsen und Zitronensaft dazugeben und alles gründlich verrühren. Den Topf vom Herd nehmen und die Kartoffel-Erbsen-Mischung mit Salz und Pfeffer abschmecken. Anschließend abkühlen lassen.

3 In der Zwischenzeit den Backofen auf 220 °C vorheizen.

4 Den Pizzateig auf der leicht bemehlten Arbeitsfläche in 4 gleich große Portionen teilen. Jede Portion zu einem Kreis (etwa 18 Zentimeter Ø) ausrollen. In die Mitte jedes Teigkreises ein Viertel der abgekühlten Füllung geben und eine Hälfte des Teigrandes mit Wasser einpinseln. Die trockene Hälfte des Teigs über die Füllung schlagen und halbmondartige Taschen formen. Die Teigränder zusammendrücken und mit einer Gabel ein Muster hineindrücken, um die Taschen zu verschließen.

5 Die Samosas mit Öl bepinseln und anschließend 20 bis 25 Minuten im Ofen backen, bis sie außen goldbraun sind und die Füllung warm ist. Heiß servieren und Mango-, Koriander- und/oder Tamarindenchutney dazu reichen.

in vier Varianten →

MEAL PREP

Variante 1

Mit einer Beilage aus gebratenen Garnelen.

Variante 2

Mit gebratenem Spinat mit Knoblauch und Chiliflocken serviert.

Aufgeschnitten und mit einem weich gekochten Eiviertel gefüllt serviert.

Mit je 2 Scheiben Käse belegt und im Ofen überbacken serviert.

Variante 3

Variante 4

Schweinefleisch süßsauer

Für 4 Portionen

900 g **Schweineschulter** ohne Knochen, in ca. 2 cm große Stücke geschnitten

120 ml **Sojasauce**

25 g **Frühlingszwiebeln**, in feine Ringe geschnitten + etwas mehr zum Garnieren

1 TL **schwarzer Pfeffer**, frisch gemahlen

2 **Knoblauchzehen**, abgezogen und fein gehackt

2 EL **Pflanzenöl**
+ Pflanzenöl zum Frittieren

3 **Eier** (Größe L), verquirlt

200 g **Speisestärke**

1 kleine **Gemüsezwiebel**, abgezogen und in ca. 2 cm große Stücke geschnitten

1 **rote Paprikaschote**, entstielt, entkernt und in ca. 2 cm große Stücke geschnitten

1 **grüne Paprikaschote**, entstielt, entkernt und in ca. 2 cm große Stücke geschnitten

225 g **Ananasstücke** aus der Dose, abgegossen

60 ml **Reisessig**

55 g **Zucker**

55 ml **Ketchup**

gekochter **Reis** zum Servieren

Dieser knusprige, süße und zugleich herzhafte Klassiker ist so lecker, dass man dem Chinesen um die Ecke beinahe für immer abschwören könnte. Beim Frittieren des Fleischs solltest du das Küchenthermometer im Auge behalten: Damit die Frittiertemperatur konstant 175 °C beträgt, musst du zwischen den einzelnen Portionen möglicherweise kleine Pausen einlegen – denn ist die Temperatur niedriger, braucht das Fleisch länger und wird nicht so knusprig. Aber kein Stress: Du hast den Bogen bestimmt bald raus.

1 Schweinefleisch, 60 Milliliter Sojasauce, Frühlingszwiebeln, Pfeffer und Knoblauch in eine große Schüssel geben und gründlich vermengen. Die Mischung mit Klarsichtfolie bedeckt mindestens 30 Minuten, besser aber 2 Stunden kühl stellen und marinieren.

2 Einen großen Topf 5 Zentimeter hoch mit Pflanzenöl füllen. Ein Küchenthermometer am Topfrand befestigen und das Öl bei mittlerer bis hoher Temperatur auf 175 °C erhitzen.

3 Eier und Speisestärke getrennt in jeweils mittelgroße Schüsseln geben. Das marinierte Fleisch portionsweise – jeweils 10 bis 12 Stücke auf einmal – zuerst im Ei und anschließend in der Speisestärke wenden. Ins heiße Öl geben und unter Rühren in 3 bis 4 Minuten knusprig-goldbraun frittieren. Mit einem Schaumlöffel herausheben und auf Küchenkrepp abtropfen lassen.

4 2 Esslöffel Pflanzenöl in einem Wok oder in einer großen Pfanne bei mittlerer bis hoher Temperatur erhitzen und Zwiebel- sowie Paprikastücke darin unter Rühren 6 bis 8 Minuten braten. Ananasstücke unterrühren und restliche Sojasauce sowie Essig, Zucker und Ketchup hinzufügen. Alles unter konstantem Rühren 5 Minuten köcheln lassen, bis die Sauce eindickt.

5 Das Schweinefleisch in den Wok oder in die Pfanne geben und alles gründlich vermengen, damit das Fleisch rundum mit Sauce bedeckt ist. Wok oder Pfanne vom Herd nehmen und das Schweinefleisch süßsauer mit Frühlingszwiebeln bestreuen. Den Reis dazu servieren.

Juicy Lucy Burger

900 g **Rinderhackfleisch**

2 TL **Zwiebelpulver**

2 TL **Meer-** oder **Steinsalz**

1 TL **schwarzer Pfeffer**, frisch gemahlen

115 g **Cheddar**, in 6 Stücke geschnitten

2 EL **Pflanzenöl**

6 **Hamburgerbrötchen**

6 Scheiben **Bacon**, ausgelassen und quer halbiert

6 Scheiben **Tomate**

6 **Salatblätter**

Das Licht der Welt erblickt hat der Juicy Lucy Burger zwar in Minnesota, doch haben ihm seine Saftig- und Köstlichkeit weit über die Grenzen des US-amerikanischen Bundesstaats hinaus Berühmtheit verschafft. Im Grunde handelt es sich hier um nichts anderes als um einen Inside-out-Cheeseburger: Der flüssige Kern entsteht durch das Einarbeiten von Käse- stücke ins Hackfleisch, bevor dieses angebraten wird. Wenn dann noch würziger Bacon dazukommt, kann diesem Gau- menschmaus eigentlich keiner mehr widerstehen.

1 Hackfleisch, Zwiebelpulver, Salz und Pfeffer in eine große Schüssel geben und mit den Händen so lange gründlich ver- mengen, bis die Gewürze gut ins Fleisch eingearbeitet sind. In 6 gleich große Portionen teilen und daraus jeweils 1 flachen Burger-*patty* (Fleischküchlein) formen.

2 In die Mitte jedes *patty* jeweils 1 Stück Cheddar geben, sodass der Käse ganz von Fleisch umhüllt ist. Letzteres mit den Hän- den wieder zu flachen *patties* formen.

3 1 Esslöffel Pflanzenöl in einer mittelgroßen gusseisernen Pfanne bei mittlerer bis hoher Temperatur erhitzen. 3 *patties* hineingeben und 8 bis 10 Minuten in dem Öl braten, bis sie auf beiden Seiten gebräunt und in der Mitte nicht mehr roh sind. Nach der Hälfte der Bratzeit einmal wenden. Die *patties* auf einen Teller geben und den Vorgang mit dem restlichen Pflan- zenöl sowie den restlichen *patties* wiederholen.

4 Die *patties* jeweils in 1 Hamburgerbrötchen geben und mit 2 Baconstücken, 1 Tomatenscheibe und 1 Salatblatt belegen. Sofort servieren.

Garnelen-Schweinefleisch-
Frühlingsrollen

100 g **Glasnudeln**

200 g **Weißkohl**, in feine Streifen
gehobelt

50 g **Frühlingszwiebeln**, in feine Ringe
geschnitten

3 EL **Sojasauce**

1 EL **geröstetes Sesamöl**

1 TL **Zwiebelpulver**

1 TL **Knoblauchpulver**

1 TL **schwarzer Pfeffer**, frisch gemahlen

½ TL **Meer-** oder **Steinsalz**

1 große **Karotte**, geraspelt

225 g **Riesengarnelen**, geschält,
vom Darmfaden befreit und grob gehackt

225 g **Schweinehackfleisch**

16 Teigblätter für **Frühlingsrollen**

Pflanzenöl zum Frittieren

gekochter **Reis** zum Servieren

süße Chilisauce zum Dippen

Die meisten sehen Frühlingsrollen lediglich als Vorspeise
an, wir hingegen glauben, dass sie durchaus auch mal der
Star auf dem Teller sein dürfen. Deshalb vereinen unsere
Garnelen-Schweinefleisch-Frühlingsrollen in sich auch alle
Elemente, die eine vollständige Hauptmahlzeit braucht:
Eiweiß, Gemüse, Kohlenhydrate und – natürlich – jede
Menge Geschmack.

1 Die Glasnudeln in eine große Schüssel geben und mit kochendem Wasser bedecken. Die Nudeln 10 Minuten in dem Wasser
einweichen. Abgießen, in etwa 1,5 Zentimeter lange Stücke
schneiden (**A**) und wieder in die Schüssel geben. Mit Weiß-
kohlstreifen, Frühlingszwiebeln, Sojasauce, Sesamöl, Zwiebel-
sowie Knoblauchpulver, Pfeffer, Salz und geraspelter Karotte
vermengen. Garnelen und Schweinefleisch hinzufügen (**B**) und
alles noch einmal gründlich miteinander vermengen. Die Füllung in 16 Portionen teilen.

2 1 Teigblatt für Frühlingsrollen auf die saubere Arbeitsfläche
legen und 1 Portion Füllung in die Mitte geben (**C**). Eine Hälfte
des Teigblatts über die Füllung schlagen, die Seiten darüber-
schlagen (**D**) und anschließend alles zu einem festen Päckchen
aufrollen. Dabei den Teigrand innen zum Schluss mit etwas
Wasser benetzen und andrücken, damit sich das Päckchen
beim Frittieren nicht öffnet. Mit den restlichen Teigblättern und
der restlichen Füllung ebenso verfahren.

3 Einen großen Topf 5 Zentimeter hoch mit Pflanzenöl füllen.
Ein Küchenthermometer am Topfrand befestigen und das Öl
bei mittlerer bis hoher Temperatur auf 175 °C erhitzen. Die
Frühlingsrollen in 4 Portionen vorsichtig ins heiße Öl geben
und in 5 bis 6 Minuten knusprig-goldbraun frittieren. Mit einem
Schaumlöffel herausheben (**E**) und auf einem mit Küchenkrepp
bedeckten Teller abtropfen lassen.

4 Die Frühlingsrollen heiß servieren und Reis sowie Chilisauce
zum Dippen dazu servieren.

Pizza Margherita
auf französischem Brot

Für 4 Portionen

1 großer Laib **französisches Weißbrot**, mindestens 50 cm lang

450 g selbst gemachte oder gekaufte **Tomatensauce**

170 g geriebener **Mozzarella**

225 g **Mini-Mozzarellakugeln**, halbiert

12 **Kirschtomaten**, halbiert

Meer- oder **Steinsalz** und **schwarzer Pfeffer**, frisch gemahlen

2 EL **Basilikumblätter**, fein gehackt

Chiliflocken zum Servieren

Unsere Lieblings-Lifehacks sind Lifehacks, die auf Pizza basieren. Also haben wir beschlossen, einen eigenen Beitrag beizusteuern – hier ist das Ergebnis! Diese Pizzas auf französischem Brot sind so schnell zubereitet wie ein Sandwich und so herrlich käsig wie eine Pizza Margherita. Das vom Durchmesser her größere – und weichere – französische Weißbrot eignet sich für dieses Rezept besser als das knusprigere Baguette.

1 Den Backofen auf 175 °C vorheizen und ein Backblech mit Backpapier belegen.

2 Mit einem Brotmesser das Brot quer halbieren und anschließend jede Hälfte noch einmal längs halbieren, sodass sich 4 Stücke ergeben. Die Stücke mit der Schnittseite nach oben auf das vorbereitete Blech legen.

3 Die Tomatensauce gleichmäßig auf den Brotstücken verteilen und mit dem geriebenen Mozzarella bestreuen. Die halbierten Mozzarellakugeln sowie die Kirschtomatenhälften darauflegen und mit Salz und Pfeffer würzen.

4 Die Brotstücke 10 bis 12 Minuten im Ofen überbacken, bis der Käse geschmolzen ist und Blasen wirft und das Brot am Rand knusprig ist. Aus dem Ofen nehmen und mit Basilikum sowie Chiliflocken bestreut servieren.

★ Taco-Dinner-
Crunchwrap

3 EL **Olivenöl**

3 mittelgroße **Gemüsezwiebeln**, abgezogen und fein gehackt

Meer- oder **Steinsalz** und **schwarzer Pfeffer**, frisch gemahlen

1,4 kg **mageres Rinderhackfleisch**

15 g **Koriander**, fein gehackt

3 reife **Rispentomaten**, fein gehackt

85 g **Taco-Gewürzmischung**

60 ml **Limettensaft**, frisch gepresst

Kochspray

8 **Weizentortillas**, erwärmt

375 g **Cheddar**, gerieben

375 g **Parmesan** (oder alter Gouda), gerieben

5 **Maistostadas**

Sauerrahm und **Salsa** zum Servieren

Dieser Fast-Food-Favorit mag zwar simpel wirken, ist aber ausgesprochen vielschichtig – genauer gesagt setzt er sich aus Schichten von würzigem Rinderhack, zweierlei Käse und knusprigen Tostadas zusammen. Er eignet sich ideal für Partys, für Spieleabende oder auch für den großen Hunger nach einem langen Arbeitstag. Hier darf man sich ruhig ein- oder zweimal nachnehmen – wir jedenfalls hätten dafür vollstes Verständnis!

1 Das Olivenöl in einem großen Schmortopf bei mittlerer bis hoher Temperatur erhitzen. Zwiebeln hineingeben, salzen und pfeffern und unter gelegentlichem Rühren 10 bis 12 Minuten dünsten. Das Hackfleisch hinzufügen und unter Rühren 8 bis 10 Minuten braten. Koriander, Tomaten, Taco-Gewürzmischung und Limettensaft unterrühren. Den Topf vom Herd nehmen und die Mischung abkühlen lassen.

2 Den Backofen auf 190 °C vorheizen und ein Backblech mit hohem Rand großzügig mit Kochspray einfetten.

3 1 Tortilla so auf die linke Seite des vorbereiteten Blechs legen, dass sie nur halb auf dem Blech liegt. 2 weitere Tortillas im Uhrzeigersinn in gleicher Weise oben auf das Backblech legen (**A**). Mit dem rechten und unteren Rand des Backblechs ebenso verfahren. Zum Schluss 1 Tortilla in die Mitte des Blechs legen, um die Lücke zu schließen (**B**).

4 Die Hälfte jeder Käsesorte gleichmäßig über die Tortillas auf dem Blech streuen. Die Hackfleischmischung mit einem Schaumlöffel gleichmäßig auf dem Käse verteilen. Mit den Maistostadas belegen: jeweils 1 in jede Ecke des Blechs und 1 in die Mitte (**C**). Die Tostadas mit dem restlichen Käse bestreuen. Nun die überstehenden Tortillahälften über die Füllung schlagen (**D**). Zum Schluss die restliche Tortilla in die Mitte des Backblechs legen und die Tortillas auf der Oberseite gleichmäßig mit Kochspray einfetten.

A

B

C

D

5 Ein zweites Backblech auf den Crunchwrap legen und mit einem ofenfesten Gewicht wie beispielsweise einer gusseisernen Pfanne beschweren. Den Crunchwrap 30 Minuten im Ofen backen. Anschließend das Gewicht und das zweite Backblech entfernen und den Crunchwrap weitere 15 Minuten backen, bis die Tortillas goldbraun und knusprig sind. Das Blech aus dem Ofen nehmen und auf einem Ofengitter abstellen. Den Crunchwrap 5 Minuten ruhen lassen.

6 Ofenhandschuhe anziehen, um die Hände zu schützen, und ein Schneidbrett auf den Crunchwrap legen. Schneidbrett und Blech festhalten und beides zusammen umdrehen, sodass nun das Blech oben liegt. Dieses entfernen und den Crunchwrap in 8 Quadrate schneiden. Mit Sauerrahm und Salsa servieren.

★ Arroz con Pollo

Für 4 Portionen

2 EL **Pflanzenöl**

4 **Hähnchenschenkel**
mit Knochen und Haut

Meer- oder **Steinsalz** und
schwarzer Pfeffer, frisch gemahlen

1 große **Gemüsezwiebel**, abgezogen
und fein gehackt

1 kleine **rote Paprikaschote**,
entstielt, entkernt und fein gehackt

3 **Knoblauchzehen**, abgezogen und
fein gehackt

¼ TL **Chiliflocken**, zerdrückt

1 **Lorbeerblatt**

425 g **stückige Tomaten** aus der Dose

425 g **Kidneybohnen** aus der Dose,
abgegossen und abgespült

200 g **weißer Langkornreis**, abgespült

240 ml **salzarme Hühnerbrühe**

Korianderblätter zum Garnieren (optional)

Dieses Gericht ist – und vorauseilend entschuldigen wir uns bei unseren lieben Freunden, dem Reis und dem Huhn – so viel mehr als die Summe seiner Einzelteile. Es ist in Spanien und Lateinamerika weitverbreitet und auf den ersten Blick scheinbar nichts Besonderes – diese Meinung wird man allerdings revidieren, sobald man den ersten, ungeheuer aromatischen Bissen Arroz con Pollo im Munde hat. Wir haben unserer Variante noch Kidneybohnen hinzugefügt, womit sie etwas sättigender als das Original ist.

1 Den Backofen auf 220 °C vorheizen.

2 Das Pflanzenöl in einer großen Pfanne mit hohem Rand bei mittlerer bis hoher Temperatur erhitzen. Die Hähnchenschenkel rundum mit Salz und Pfeffer würzen. 2 Hähnchenschenkel mit der Hautseite nach unten in die Pfanne legen und in rund 8 Minuten goldbraun anbraten, dabei nicht wenden. Mithilfe einer Küchenzange mit der Hautseite nach oben auf einen Teller legen und mit den restlichen beiden Hähnchenschenkeln ebenso verfahren.

3 Die Temperatur wieder auf mittel bis hoch erhöhen. Zwiebel, Paprika, Knoblauch, Chiliflocken und Lorbeerblatt in die Pfanne geben und unter Rühren 6 bis 8 Minuten braten, bis das Gemüse weich ist. Tomaten mitsamt Saft, Kidneybohnen und Reis unterrühren und alles mit Salz sowie Pfeffer würzen.

4 Die Brühe angießen und alles noch einmal gründlich vermengen. Die Hähnchenschenkel mit der Hautseite nach oben wieder in die Pfanne legen und die Sauce zum Köcheln bringen. Die Temperatur auf mittel bis niedrig reduzieren und alles zugedeckt 20 bis 25 Minuten sanft köcheln lassen, bis Reis und Fleisch gar sind.

5 Die Pfanne vom Herd nehmen und das Arroz con Pollo 5 Minuten zugedeckt ziehen lassen. Anschließend das Lorbeerblatt entfernen und das Gericht nach Belieben mit Koriander garniert servieren.

★ General Tsos
Hühnchen

Für die Sauce

320 ml **Hühnerbrühe**

80 ml **Reisessig**

75 g **Tomatenmark**

60 ml **Sojasauce**

55 g **Zucker**

1 EL **Speisestärke**

Für das Hühnchen

ca. 1 kg **Hähnchenschenkel**, ausgelöst und ohne Haut, in ca. 2½ cm große Würfel geschnitten

6 EL **Speisestärke**

2 EL **Pflanzenöl**
+ Pflanzenöl zum Frittieren

2 EL **Sojasauce**

3 **Eigelbe** (von Eiern Größe L)

6 **Knoblauchzehen**, abgezogen und fein gehackt

1 Stück **Ingwer**, ca. 2½ cm lang, geschält und fein gehackt

8 getrocknete **De-Arbol-Chilischoten**

2 TL **geröstetes Sesamöl**

feine **Frühlingszwiebelringe** zum Garnieren

gekochter **Reis** zum Servieren

General Tsos Hühnchen gehört zum chinesischen Lieferservice wie der Glückskeks. Wer die frittierte, süße und doch scharfe Köstlichkeit einmal probiert hat, wird sie nicht mehr missen wollen – schon gar nicht, wenn es sich dabei um unsere Version handelt. Unser Geheimnis? Jede Menge Reisessig in der Sauce, denn der sorgt für Ausgewogenheit der Aromen und verhindert, dass die Süße dominiert. Das Problem an der Sache ist nur, dass sich dein chinesisches Lieblingsrestaurant vielleicht etwas vernachlässigt fühlen könnte …

1 Für die Sauce Brühe, Essig, Tomatenmark, Sojasauce, Zucker und Speisestärke in eine mittelgroße Schüssel geben und glatt rühren. Beiseitestellen.

2 Für das Hühnchen Hähnchenschenkel, Speisestärke, 2 Esslöffel Pflanzenöl, Sojasauce und Eigelbe in eine große verschließbare Plastiktüte (Zipbeutel) geben. Die Tüte verschließen und die Eigelbmischung mit den Händen gründlich ins Fleisch einarbeiten. Ebenfalls beiseitestellen.

3 Eine große Pfanne mit hohem Rand 5 Zentimeter hoch mit Pflanzenöl füllen. Ein Küchenthermometer am Pfannenrand befestigen und das Öl bei mittlerer bis hoher Temperatur auf 190 °C erhitzen. Das Fleisch portionsweise in dem heißen Öl in etwa 5 Minuten goldbraun frittieren. Mit einem Schaumlöffel herausheben und auf Küchenkrepp abtropfen lassen. Die Pfanne vom Herd nehmen und vorsichtig das Öl bis auf 3 Esslöffel abgießen; auch das Thermometer entfernen.

4 Die Pfanne wieder auf den Herd stellen und die Temperatur auf mittel bis hoch erhöhen. Knoblauch, Ingwer und Chilischoten hineingeben und unter Rühren etwa 1 Minute braten, bis die Zutaten zu bräunen beginnen. Sauce sowie Sesamöl dazugießen und unter Rühren 8 bis 10 Minuten reduzieren lassen. Das Fleisch wieder in die Pfanne geben und unter Wenden 1 bis 2 Minuten darin erwärmen.

5 Hühnchen und Sauce auf Tellern anrichten und mit den Frühlingszwiebelringen bestreut servieren. Den Reis dazu servieren.

Jamaikanische Hackfleischpastete

Für 4–6 Portionen

680 g **Rinderhackfleisch**

Meer- oder **Steinsalz**

4 **Knoblauchzehen**, abgezogen und fein gehackt

2 kleine **Zwiebeln**, abgezogen und fein gehackt

1 **Scotch-Bonnet-** oder **Habanero-Chilischote**, nach Belieben entkernt und fein gehackt

2 EL **Currypulver**

3 EL **Thymianblättchen**, gehackt

1½ TL **Piment**, gemahlen

schwarzer Pfeffer, frisch gemahlen

3 EL **Mehl**
+ etwas mehr für die Arbeitsfläche

480 ml **Rinderbrühe**

1 Scheibe **TK-Blätterteig**, aufgetaut

2 EL **Milch**

¼ TL **Kurkuma**, gemahlen (optional)

1 **Ei** (Größe L)

Korianderblätter und **Naturjoghurt** (optional) zum Servieren

Die Frikadelle auf jamaikanische Art ist als Streetfood auf Jamaika sehr beliebt (und zu unserem Glück auch in New York City), doch ab sofort müssen auch Menschen, die woanders wohnen, nicht mehr auf sie verzichten. Wir haben wie immer unsere eigene Version davon entwickelt und die Frikadelle in eine Pastete verwandelt. Scotch-Bonnet-Chilischoten sind als Zutat in der jamaikanischen Küche weitverbreitet, du kannst sie problemlos aber auch durch die Sorte Habanero ersetzen. Und noch ein Tipp zu TK-Blätterteig: Wenn du den am Abend zuvor im Kühlschrank auftaust, lässt er sich viel leichter verarbeiten.

1 Einen großen Topf bei mittlerer bis hoher Temperatur erhitzen. Das Hackfleisch hineingeben, mit Salz würzen und unter Rühren 6 bis 8 Minuten anbraten. Knoblauch, Zwiebeln und Chili dazugeben und unter Rühren 8 bis 10 Minuten mitbraten, bis die Flüssigkeit im Topf vollständig verdampft ist.

2 Curry, Thymian und Piment unterrühren. Salzen und pfeffern und unter Rühren etwa 2 Minuten weiterbraten. Das Mehl hinzufügen und unter Rühren 1 Minute mitbraten. Die Brühe angießen, zum Kochen bringen und unter Rühren 2 bis 3 Minuten köcheln lassen. Vom Herd nehmen und abkühlen lassen.

3 Den Backofen auf 220 °C vorheizen und ein Backblech mit Alufolie bedecken.

4 Den Blätterteig auf der bemehlten Arbeitsfläche zu einem Kreis (etwa 28 Zentimeter Ø) ausrollen. Die Hackfleischmischung in eine runde Auflaufform geben und mit dem Teigkreis belegen. Am Rand sorgfältig verschließen und mit einem Messer Schlitze in die Teigplatte schneiden, damit Dampf entweichen kann.

5 Milch, Kurkuma und Ei in einer kleinen Schüssel verrühren und den Teig damit bestreichen. Die Auflaufform auf das Backblech stellen und die Pastete 25 bis 30 Minuten im Ofen backen.

6 10 Minuten abkühlen lassen, nach Belieben mit Koriander bestreuen und mit Joghurt servieren.

★ Veggie-Burger
mit Pilzen und Bohnen

Für die *patties*

4 EL **Pflanzenöl**

225 g **Champignons**, fein gehackt

1 **Knoblauchzehe**, abgezogen und fein gehackt

Meer- oder **Steinsalz** und **schwarzer Pfeffer**, frisch gemahlen

1 EL **Sojasauce**

½ TL **geräuchertes Paprikapulver**

425 g **schwarze Bohnen** aus der Dose, abgegossen und abgespült

45 g **Semmelbrösel**

5 g **glatte Petersilie**, fein gehackt

1 EL **Zitronensaft**, frisch gepresst

Außerdem

6 Scheiben normaler oder veganer **Käse** nach Wahl

6 **Hamburgerbrötchen**

Mayonnaise, **Senf** und/oder **Ketchup** zum Garnieren

Eisbergsalatstreifen, **Gemüsezwiebelwürfel** und **Tomatenscheiben** zum Belegen

Mit der richtigen Zutatenkombination ist das Zubereiten eigener Veggie-Burger viel leichter, als zum Drive-in zu fahren – und definitiv bekömmlicher als ein gekaufter Fast-Food-Burger, der doch manchmal schwerer liegt als geahnt. Die Pilze verleihen den Burgern eine fleischige Konsistenz, während Sojasauce, Knoblauch und Paprikapulver für die nötige Pikanterie sorgen. Die schwarzen Bohnen und Semmelbrösel schließlich halten das Ganze zusammen. Wenn nun noch die üblichen Burgerbeilagen dazukommen, vermisst bestimmt keiner mehr das Fleisch.

1 2 Esslöffel Pflanzenöl bei mittlerer Temperatur in einer großen Pfanne erhitzen. Pilze und Knoblauch hineingeben, mit Salz und Pfeffer würzen und unter gelegentlichem Rühren etwa 10 Minuten braten, bis die Pilze goldbraun sind und die ausgetretene Flüssigkeit verdampft ist. Sojasauce sowie Paprikapulver unterrühren und 30 Sekunden mitbraten. Die Pfanne vom Herd nehmen.

2 Die Bohnen in eine mittelgroße Schüssel geben und mit einem Kartoffelstampfer oder einer Gabel leicht zerdrücken. Die Pilzmischung sowie Semmelbrösel, Petersilie und Zitronensaft unterrühren. Mit Salz und Pfeffer abschmecken und alles noch einmal gründlich vermengen.

3 Ein Backblech mit Backpapier belegen. Die Pilzmischung mit den Händen in 6 Portionen teilen und jede Portion zu einem flachen *patty* (Bratling) formen. Die *patties* auf das vorbereitete Backblech legen und mindestens 20 Minuten kühl stellen.

4 Das restliche Öl bei mittlerer Temperatur in einer großen Pfanne erhitzen und die *patties* in 8 bis 10 Minuten darin goldbraun braten. Nach der Hälfte der Bratzeit einmal wenden. Nach dem Wenden jeden *patty* mit 1 Scheibe Käse belegen.

5 Die *patties* noch warm in die Hamburgerbrötchen geben, mit Mayonnaise, Senf und/oder Ketchup garnieren, mit Eisbergsalatstreifen, Gemüsezwiebelwürfeln sowie Tomatenscheiben belegen und sofort servieren.

Ganz ohne kochen

Southwestern Salad
mit Avocadodressing

Du bist auf der Suche nach einem sättigenden, proteinreichen Salat? Mit diesem Gericht aus dem Südwesten der USA hast du ihn gefunden. Der Schlüssel zum Dressingparadies ist übrigens dein Mixer: Wer einmal unsere cremige Avocado-Koriander-Version probiert hat, schwört gekauftem Dressing in der Regel für immer ab. Meal Prepper bewahren das Dressing separat auf, so bleibt der Salat länger frisch.

Für 4 Portionen

‹· · · · · · · · · · · · · · ·›

Für das Dressing

60 ml **Olivenöl**

1 EL **Korianderblätter**

½ TL **Meer-** oder **Steinsalz**

½ TL **schwarzer Pfeffer**, frisch gemahlen

1 **Avocado**, halbiert, entsteint und geschält

Saft von 1 **Limette**

1 **Knoblauchzehe**, abgezogen

Für den Salat

1 Kopf **Romanasalat**, gehackt

175 g **Paprikaschote**, gehackt

150 g **Tomate**, gewürfelt

75 g **rote Zwiebel**, abgezogen und gehackt

25 g **Frühlingszwiebeln**, in feine Ringe geschnitten

15 g **Korianderblätter**

425 g **schwarze Bohnen** aus der Dose, abgegossen und abgespült

425 g **Mais** aus der Dose, abgegossen und abgespült

1 Für das Dressing Olivenöl, Koriander, Salz, Pfeffer, Avocadohälften, Limettensaft und Knoblauch in einen Mixer geben und zu einem glatten Dressing mixen.

2 Für den Salat den Romanasalat auf dem Boden einer großen Schüssel verteilen. Nun die anderen Zutaten – Paprika, Tomate, rote Zwiebel, Frühlingszwiebeln, Korianderblätter, Bohnen und Mais – getrennt darauf anrichten.

3 Mit dem Dressing beträufeln und erst kurz vor dem Servieren gründlich vermengen.

in vier Varianten

MEAL PREP

Variante 1

Mit kaltem pochiertem Lachs oder Hähnchenfleisch serviert.

Variante 2

Mit grob zerbröselten Tortillachips bestreut serviert.

In einer Weizentortilla als Salatburrito serviert.

Mit 90 Gramm gegarter Quinoa als zusätzlicher Salatzutat serviert.

Variante 4

Variante 3

Wassermelonensalat
mit Spinat und Mango

1 kleine **Wassermelone** (ca. 2 kg)

2 EL **Olivenöl extra vergine**

2 EL **Zitronensaft**, frisch gepresst

1 EL **Honig**

Meer- oder **Steinsalz** und **schwarzer Pfeffer**, frisch gemahlen

85 g **Babyspinat**

55 g **Mandelstifte**

1 große **Mango**, geschält sowie vom Stein und in ca. 1 cm große Würfel geschnitten

Dieser durch und durch erfrischende Salat ist die perfekte Mahlzeit für heiße Sommertage, an denen die bloße Vorstellung, den Herd einzuschalten, schon schweißtreibend ist. Das Dressing aus Olivenöl, Zitronensaft und Honig ist so verführerisch, dass man es eigentlich *Un-Dressing* nennen sollte … Mehr braucht die leichte und farbenfrohe Kombi aus Spinat und Sommerfrüchten nicht – höchstens ein paar Mandelstifte für den Crunch.

1 Mit einem scharfen, großen Messer den oberen und unteren Teil der Wassermelone abschneiden, sodass das rote Fruchtfleisch sichtbar wird und die Melone auf der Arbeitsfläche steht. In dieser Position die restliche Schale abschneiden und das Fruchtfleisch anschließend in etwa 2½ Zentimeter große Würfel schneiden. Die Wassermelonenwürfel in eine große Schüssel geben.

2 In einer kleinen Schüssel Olivenöl, Zitronensaft, Honig und 1 Esslöffel Wasser verrühren. Mit Salz und Pfeffer würzen.

3 Spinat, Mandelstifte sowie Mangowürfel zu den Wassermelonenstücken geben. Das Dressing darübergießen und alles vorsichtig vermengen.

4 Den Wassermelonensalat mit Spinat und Mango auf Schalen verteilen und servieren.

Viererlei Avocadotoast

Für jeweils
4 Toasts

Avocadotoast war eine Zeit lang so in und deshalb auch so teuer, dass sich im Netz der Witz verbreitet hat, junge, hippe Leute könnten sich kein Eigenheim mehr leisten, weil sie ihr ganzes Geld für eben jene Delikatesse ausgegeben haben. Das hat uns tief berührt – und dazu bewogen, vier eigene, preiswertere Varianten des Klassikers zu entwickeln, die zeigen, wie vielseitig die bescheidene Frucht ist: als Caprese mit Tomate, Mozzarella und Basilikum, als mediterrane Version mit Pfirsich und Feta, als klassisches Bacon-Lettuce-Tomato-Sandwich mit Speck, Salat und Tomate und als nahöstliche Variante mit Hummus und Gurke.

Caprese

4 Scheiben **Brot**

2 **Avocados**, entsteint, geschält und zerdrückt

Meer- oder **Steinsalz** und
schwarzer Pfeffer, frisch gemahlen

4 **Rispentomaten**, in dünne Scheiben geschnitten

1 **Mozzarellakugel**, in 8 Scheiben geschnitten

5 g **Basilikumblätter**, in feine Streifen geschnitten

1 Die Brotscheiben im Toaster oder Ofen rösten.

2 Das Avocadopüree gleichmäßig auf den Brotscheiben verteilen und anschließend mit Salz und Pfeffer würzen. Mit den Tomatenscheiben und zum Schluss mit je 2 Scheiben Mozzarella belegen.

3 Die Avocadotoasts mit Basilikumstreifen bestreuen und servieren.

Pfirsich und Feta

4 Scheiben **Brot**

2 **Avocados**, entsteint, geschält und
in feine Scheiben geschnitten

2 reife **Pfirsiche**, entsteint und
in feine Scheiben geschnitten

4 EL **Feta**, zerkrümelt

1 Die Brotscheiben im Toaster oder Ofen rösten.

2 Abwechselnd mit Avocado- und Pfirsichscheiben belegen.

3 Die Avocadotoasts mit je 1 Esslöffel zerkrümeltem Feta bestreuen und servieren.

BLT

4 Scheiben **Brot**

2 **Avocados**, entsteint, geschält und
zerdrückt

Meer- oder **Steinsalz** und
schwarzer Pfeffer, frisch gemahlen

2 **Rispentomaten**, in dicke Scheiben geschnitten

40 g **Romanasalatstreifen**

4 Scheiben **Bacon**, ausgelassen und grob zerkrümelt

1 Die Brotscheiben im Toaster oder Ofen rösten.

2 Das Avocadopüree gleichmäßig auf den Brotscheiben verteilen und anschließend mit Salz und Pfeffer würzen. Mit den Tomatenscheiben und zum Schluss mit den Romanasalatstreifen belegen.

3 Die Avocadotoasts mit dem zerkrümelten Bacon bestreuen und servieren.

Hummus und Gurke

4 Scheiben **Brot**

125 g **Hummus** (Kichererbsenmus)

24 dünne **Salatgurkenscheiben**

2 **Avocados**, entsteint, geschält und
in feine Scheiben geschnitten

Meer- oder **Steinsalz** und
schwarzer Pfeffer, frisch gemahlen

1 Die Brotscheiben im Toaster oder Ofen rösten.

2 Mit jeweils 2 Esslöffel Hummus bestreichen und mit je 6 Gurkenscheiben sowie Avocadoscheiben belegen.

3 Die Avocadotoasts mit Salz und Pfeffer würzen und servieren.

Waldorfsalat
mit Grillhähnchen und Curry

Für 4 Portionen

1 **Grillhähnchen**

230 g **Mayonnaise**

240 g **Sauerrahm**

320 g **Mangochutney**

1½ EL **Currypulver**

100 g **helle Trauben**, halbiert

90 g **säuerlicher Apfel**, in Würfel geschnitten

65 g **Walnüsse**, grob gehackt

2 Stangen **Sellerie**, längs halbiert und anschließend quer in dünne Scheiben geschnitten

Meer- oder **Steinsalz** und **schwarzer Pfeffer**, frisch gemahlen

Salatblätter oder **Brotscheiben** zum Servieren

Der Waldorfsalat wurde gegen Ende des 19. Jahrhunderts in dem gleichnamigen Hotel erfunden und hat die Zeiten überdauert – doch selbst Klassiker können hin und wieder von einer kleinen Aktualisierung profitieren! In unserer mit Currypulver und Mangochutney aufgepeppten Version bekommt der Salat ganz neue, aufregende Aromen. Du kannst ihn entweder traditionell mit Salatblättern oder mit Brot als Sandwich genießen; in jedem Fall hat dieses Gericht Klasse.

1 Das Fleisch vom Grillhähnchen zupfen und in etwa 1 Zentimeter große Stücke schneiden. Haut und Knochen entsorgen.

2 In einer großen Schüssel Mayonnaise, Sauerrahm, Mangochutney und Currypulver glatt rühren. Hähnchenfleisch, Trauben, Apfelwürfel, Walnüsse sowie Selleriescheiben hinzufügen und alles gründlich vermengen. Den Salat mit Salz und Pfeffer abschmecken.

3 Den Waldorfsalat auf Salatblättern oder Brotscheiben angerichtet servieren.

Italienisch-kalifornischer
Bauernsalat

Für 6 Portionen

1 **Knoblauchzehe**, abgezogen

Meer- oder **Steinsalz**

120 ml **Olivenöl extra vergine**

60 ml **Rotweinessig**

2 TL **Thymianblättchen**, gehackt

½ TL **getrockneter Oregano**

¼ TL **Chiliflocken**, zerdrückt

115 g **Mozzarella**, abgegossen und
in ca. 1 cm große Stücke geschnitten

115 g **Provolone**,
in ca. ½ cm breite Streifen geschnitten

115 g **italienische Salami**,
in ca. ½ cm breite Streifen geschnitten

140 g **Grünkohl**, entstielt und grob gehackt

425 g **Kichererbsen** aus der Dose,
abgegossen und abgespült

1 **Schalotte**, abgezogen und
in feine Scheiben geschnitten

schwarzer Pfeffer, frisch gemahlen

1 Kopf **Radicchio**, grob gehackt

1 **Avocado**, halbiert, entsteint, geschält und
in ca. ½ cm große Stücke geschnitten

Parmesan, gerieben, zum Servieren
(optional)

Dieser Salat vereint in sich die gesamte Auslage eines Delikatessengeschäfts, und wir können einfach nicht genug von ihm bekommen. Die italienischen Kräuter, der italienische Käse sowie die Salami verankern die Köstlichkeit in der Tradition klassischer Bauernsalate, während Grünkohl, Radicchio und Avocado der Mischung kalifornische Frische verleihen. Dieser Salat lässt nur einen Wunsch offen: den nach einer größeren Schüssel.

1 Den Knoblauch auf einem Schneidbrett hacken und mit 1 Prise Salz bestreuen. Anschließend mit der flachen Seite eines Messers so lange zerreiben, bis sich eine glatte Paste gebildet hat. (Diese Technik ermöglicht es dem Knoblauch, sich besser im Dressing zu verteilen, und macht ihn so geschmacklich feiner.)

2 Die Knoblauchpaste in eine große Schüssel geben und Olivenöl, Essig, Thymian, Oregano sowie Chiliflocken unterrühren. Mozzarella, Provolone, Salami, Grünkohl, Kichererbsen und Schalotte hinzufügen und alles mit Salz und Pfeffer würzen. Gründlich vermengen, anschließend Radicchio und Avocado unterheben.

3 Den Salat auf 6 Schalen verteilen und nach Belieben mit geriebenem Parmesan bestreut servieren.

★ Griechischer
Salat Caprese

Für 4 Portionen

2 große **Rispentomaten**, entkernt und in ca. ½ cm dicke Scheiben geschnitten

550 g **Mozzarella**, in ca. ½ cm dicke Scheiben geschnitten

¼ **Salatgurke**, längs halbiert, entkernt und in ca. ½ cm große Würfel geschnitten

60 g **Kalamata-Oliven**, entsteint und halbiert

60 ml **Olivenöl extra vergine**

2 EL **Rotweinessig**

½ TL **getrockneter Oregano**

½ TL **getrocknetes Basilikum**

Meer- oder **Steinsalz** und **schwarzer Pfeffer**, frisch gemahlen

½ **Schalotte**, abgezogen und längs in dünne Scheiben geschnitten

55 g **Feta**, fein zerkrümelt

Diese Köstlichkeit beinhaltet gleich zwei unserer Lieblingssalate: die italienische Insalata Caprese mit Tomate, Mozzarella, Basilikum, Olivenöl und Balsamico und den griechischen Bauernsalat mit Tomate, Gurke, Kalamata-Oliven und Feta. Hauptdarsteller ist zweifelsohne die Tomate, wenngleich auch die beiden Käsesorten durchaus den Oscar für die besten Nebendarsteller verdient hätten. Am köstlichsten ist dieses erfrischende Gericht, ein wahres mediterranes Powerduo, im Hochsommer, wenn die im Handel erhältlichen reifen Tomaten besonders aromatisch sind.

1 Tomaten- und Mozzarellascheiben abwechselnd und leicht überlappend auf eine Servierplatte legen und mit Gurkenwürfeln sowie Kalamata-Oliven bestreuen.

2 In einer kleinen Schüssel Olivenöl, Essig, Oregano und Basilikum verrühren. Das Dressing mit Salz und Pfeffer würzen und mit den Schalottenscheiben vermengen. 5 Minuten ziehen lassen.

3 Die Schalottenscheiben mit einer Gabel aus dem Dressing fischen und über den Salat geben. Den Salat mit dem Dressing beträufeln und mit dem zerkrümelten Feta bestreut servieren.

Veganer Bohnen-Erbsen-Powersalat
mit cremigem Ranch-Dressing

Für das Ranch-Dressing

150 g **ungeröstete und ungesalzene Cashewkerne**

160 ml **ungesüßte Mandelmilch**

2 TL **Zitronensaft**, frisch gepresst

2 EL **Apfelessig**

½ kleine **Schalotte**, abgezogen

1 **Knoblauchzehe**, abgezogen

2 EL **Dill**, fein gehackt

2 EL **glatte Petersilie**, fein gehackt

2 TL **Schnittlauchröllchen**

Meer- oder **Steinsalz** und **schwarzer Pfeffer**, frisch gemahlen

Für den Bohnensalat

425 g **Cannellini-Bohnen** aus der Dose, abgegossen und abgespült

425 g **Kichererbsen** aus der Dose, abgegossen und abgespült

425 g **Pintobohnen** aus der Dose, abgegossen und abgespült

1 **Salatgurke**, längs halbiert, entkernt und quer in dünne Scheiben geschnitten

5 g **Dill**, grob gehackt + etwas mehr zum Garnieren

5 g **glatte Petersilie**, grob gehackt

5 g **Schnittlauchröllchen**

Salatblätter oder **Toastbrot** zum Servieren

Dieser Salat verdankt seine Power dem Triumvirat aus zwei Bohnen und einer Erbse. Da wir Hülsenfrüchte lieben, können wir gar nicht genug von ihm bekommen. Normalerweise sind es Buttermilch und Mayonnaise, die für die Cremigkeit im Ranch-Dressing verantwortlich sind, in unserer veganen Version haben wir sie allerdings durch Mandelmilch und Cashewkerne ersetzt. Weicht man Letztere vor der Verwendung ein, werden sie geschmacklich milder und lassen sich außerdem besser im Mixer verarbeiten. Achtung, Meal Prepper: Bereitet von dem leckeren Dressing doch gleich etwas mehr zu, dann habt ihr in den kommenden Tagen noch einen köstlichen veganen Dip!

1 Für das Ranch-Dressing die Cashewkerne in eine kleine Schüssel geben, mit kochendem Wasser bedecken und 30 Minuten darin einweichen. In der Zwischenzeit Mandelmilch und Zitronensaft in den Mixer geben, kurz verrühren und ziehen lassen, damit die Mischung zu veganer »Buttermilch« gerinnt.

2 Die Cashewkerne abgießen sowie abspülen und anschließend zur Mandelmilchmischung in den Mixer geben. Essig, Schalotte und Knoblauch dazugeben und alles sehr glatt pürieren. Das Dressing in eine Schüssel gießen und Dill, Petersilie sowie Schnittlauchröllchen unterrühren. Mit Salz und Pfeffer würzen und bis zur Weiterverwendung zugedeckt kühl stellen. (Das Dressing hält sich im Kühlschrank bis zu 5 Tage lang.)

3 Für den Bohnensalat Cannellini-Bohnen, Kichererbsen, Pintobohnen, Gurkenscheiben, Dill, Petersilie und Schnittlauchröllchen in einer großen Schüssel vermengen. Das Ranch-Dressing darübergießen und noch einmal alles gründlich vermengen. Den Salat auf 4 Schalen verteilen und mit Dill garniert auf Salatblättern oder mit Toastbrot servieren.

Kunterbunter Veggie-Salat

Für 4 Portionen

mit Honig-Senf-Dressing

1 großer Kopf **Romana-** oder **grüner Salat**, grob gehackt

400 g **Kirschtomaten**, halbiert

100 g **Karotten**, geraspelt

2 gelbe **Paprikaschoten**, gewürfelt

1 **Salatgurke**, halbiert, entkernt und in dünne Scheiben geschnitten

1 mittelgroße **rote Zwiebel**, abgezogen und fein gehackt

3 EL **Olivenöl**

3 EL **Rotweinessig**

3 EL **Honig**

3 EL **Dijonsenf**

1 EL **getrockneter Oregano**

1 **Knoblauchzehe**, abgezogen und fein gehackt

Meer- oder **Steinsalz** und **schwarzer Pfeffer**, frisch gemahlen

Es heißt ja, das Auge isst mit, und das gilt ganz besonders für diesen regenbogenfarbenen Augenschmaus. Mit dem grünen Salat, den roten Tomaten, den orangefarbenen Karotten, den gelben Paprikastücken, der grünen Gurke und der roten Zwiebel scheint der Salat nicht nur in den Farbtopf gefallen zu sein, sondern vereint auch einen ganzen Gemüsegarten in einer einzigen Schüssel. Und mit dem Honig-Senf-Dressing lässt er auch geschmacklich nichts zu wünschen übrig – denn schließlich isst das Auge ja nicht allein. Entkernen lässt sich die längs halbierte Salatgurke je nach Größe am besten mit dem Rand eines Ess- oder Teelöffels.

1 Romanasalat, Tomaten, Karotten, Paprikastücke, Gurkenscheiben und Zwiebel in eine große Schüssel geben.

2 In einer mittelgroßen Schüssel Olivenöl, Essig, Honig, Senf, Oregano und Knoblauch verrühren. Mit Salz und Pfeffer würzen.

3 Kurz vor dem Servieren das Dressing über den Salat gießen und alles gründlich miteinander vermengen.

Bowls

☆ Mit viermal Reis einmal um die Welt

Der gebratene Reis ist ein Gottesgeschenk an alle Meal Prepper. Er lässt sich schnell auf den Tisch zaubern, macht nur einen Topf schmutzig und schmeckt tatsächlich noch besser, wenn er mit kaltem Reis vom Vortag zubereitet wird (da frisch gegarter Reis etwas zum Matschigwerden neigt). Und obendrein lässt er sich noch in unendlich viele Varianten verwandeln. Im Folgenden finden sich nur vier Beispiele – von denen jedes eine bestimmte Art von Küche repräsentiert –, doch sollten deiner Experimentierfreude mit Proteinen und Gemüse keine Grenzen gesetzt sein! Stell dir übrig gebliebenen Reis einfach als weiße Leinwand für dein zukünftiges, ungeheuer köstliches Meisterstück vor.

‹••••••••••••›

in vier Varianten →

Aus dem Reich der Mitte

2 Esslöffel Pflanzenöl bei hoher Temperatur in einer großen Pfanne erhitzen. 160 Gramm kalten gegarten weißen Langkornreis, 75 Gramm TK-Erbsen und 2 gehackte Frühlingszwiebeln hineingeben und unter Rühren 3 bis 4 Minuten braten, bis der Reis knusprig ist. Den Reis an den Pfannenrand schieben, 1 Ei (Größe L) in die Mitte der Pfanne schlagen und 2 Minuten mitbraten, dabei alles wieder vermengen. In eine Schale geben und mit Sojasauce beträufelt servieren.

Im Cajun-Stil

2 Esslöffel Pflanzenöl bei hoher Temperatur in einer großen Pfanne erhitzen. 160 Gramm kalten gegarten weißen Langkornreis, 55 Gramm fein gehackte Andouille, 40 Gramm abgezogene und gehackte Gemüsezwiebel, 45 Gramm gehackte grüne Paprikaschote, 1 abgezogene und gehackte Knoblauchzehe sowie 1 Prise Cayennepfeffer in die Pfanne geben und alles unter Rühren etwa 5 Minuten braten, bis der Reis knusprig ist. In eine Schale füllen und mit Frühlingszwiebelringen sowie gehackter glatter Petersilie garniert servieren.

¡Hola!

30 Gramm fein gehackte Chorizo bei hoher Temperatur in einer großen Pfanne 2 bis 3 Minuten auslassen. 160 Gramm kalten gegarten weißen Rundkornreis, 75 Gramm TK-Erbsen, 40 Gramm gegrillte rote Paprikastreifen aus dem Glas, ½ Teelöffel Paprikapulver sowie 1 abgezogene und gehackte Knoblauchzehe dazugeben und unter Rühren etwa 5 Minuten braten, bis der Reis knusprig ist. Den Reis auf eine Seite der Pfanne schieben, 5 mittelgroße, geschälte, vom Darmfaden befreite und grob gehackte Garnelen auf die andere Seite der Pfanne geben und 4 bis 5 Minuten mitbraten. Den Reis in eine Schale füllen, die Garnelen darauf anrichten und servieren.

Orientalisch raffiniert!

2 Esslöffel Pflanzenöl bei hoher Temperatur in einer großen Pfanne erhitzen. 1 abgezogene und in feine Scheiben geschnittene Schalotte sowie 1 Prise Safranfäden (oder gemahlene Kurkuma) hineingeben und unter Rühren in etwa 3 Minuten goldbraun braten. 160 Gramm kalten gegarten Basmatireis dazugeben und leicht in einer Schicht auf den Pfannenboden drücken. 5 Minuten ohne zu rühren braten, bis der Reis ebenfalls goldbraun und knusprig ist. Mithilfe eines Pfannenwenders in mundgerechte Stücke brechen und unter Rühren noch einmal durchwärmen. In eine Schale geben und mit gehackten Pistazien, Granatapfelkernen sowie Minzblattstreifen garniert servieren.

Cajun

Chinesisch

Thailändischer Quinoasalat

Für 4 Portionen

240 ml **Gemüsebrühe**

170 g **bunte Quinoa**, gründlich abgespült

55 g **Erdnussbutter ohne Stücke**

1 EL **salzarme Sojasauce**

1 EL **Ingwer**, gerieben

1 EL **Honig**

2 TL **Olivenöl**

1 TL **geröstetes Sesamöl**

2 mittelgroße **Karotten**, geraspelt

1 **rote Paprikaschote**, fein gehackt

1 **Salatgurke**, längs geviertelt und anschließend quer in feine Scheiben geschnitten

100 g **Rotkohl**, in feine Streifen gehobelt

160 g **Edamame**, gegart

Frühlingszwiebelringe und **geröstete Erdnüsse**, fein gehackt, zum Garnieren

4 **Limettenspalten** zum Garnieren

Wenn Quinoa nicht ohnehin schon Bestandteil deines Getreiderepertoires ist, solltest du dich darauf vorbereiten, bald zu den Fans zu gehören. Das ausgesprochen eiweißreiche und glutenfreie Korn hat ein zartes und dabei nussiges Aroma, was es zur idealen Salatbasis macht. Gart man es in Gemüsebrühe, bekommt es sogar noch mehr Geschmack. Das thailändisch inspirierte Erdnussdressing ist eine unserer liebsten Salatsaucen: Es lässt sich superleicht aus Zutaten, die sowieso in deinem Küchenschrank liegen, zubereiten. Außerdem ist es süß, salzig und dank des Ingwers auch ein wenig scharf. Vielleicht tust du dir selbst einen Gefallen und verdoppelst die Zutatenmengen gleich.

1 Die Brühe mit 240 Milliliter Wasser in einen kleinen Topf geben und bei hoher Temperatur zum Kochen bringen. Die Quinoa dazugeben, die Temperatur auf mittel bis niedrig reduzieren und die Quinoa in der Brühe zugedeckt 15 bis 20 Minuten köcheln lassen. Den Topf vom Herd nehmen. Die Quinoa mit einer Gabel auflockern und etwas abkühlen lassen.

2 In einer kleinen Schüssel Erdnussbutter, Sojasauce, Ingwer, Honig, Olivenöl, Sesamöl und 120 Milliliter Wasser glatt rühren. Das Dressing beiseitestellen.

3 Die Quinoa auf 4 Schalen verteilen. Im Uhrzeigersinn jeweils ein Viertel der geraspelten Karotten, der Paprikastücke, der Gurkenscheiben, der Rotkohlstreifen und der Edamame darauf anrichten. Jedes Gemüse mit dem Dressing beträufeln und alles mit Frühlingszwiebelringen sowie gehackten Erdnüssen bestreuen. Den Salat mit jeweils 1 Limettenspalte garniert servieren.

Mexikanischer Tempehsalat

Für den Salat

2 EL **Olivenöl**
+ bei Bedarf etwas mehr

225 g **Tempeh**,
in ca. 2 cm große Stücke geschnitten

3 EL **salzarme Sojasauce**

2 TL **Knoblauchpulver**

2 TL **Chilipulver**

1 TL **Kreuzkümmel**, gemahlen

300 g **Kopfsalat**, grob gehackt

200 g **Kirschtomaten**, halbiert

45 g **schwarze Bohnen** aus der Dose,
abgegossen und abgespült

80 g **Maiskörner** aus der Dose, abgegossen

15 g **Koriander**, fein gehackt

50 g **rote Zwiebel**, abgezogen und
fein gehackt

Für das Avocadodressing

60 ml **Olivenöl**

2 EL **Limettensaft**, frisch gepresst

1 reife **Avocado**, halbiert, entsteint und
geschält

Meer- oder **Steinsalz** und
schwarzer Pfeffer, frisch gemahlen

Tempeh ist vielleicht noch nicht so weitverbreitet wie Tofu, sein Sojaproteinverwandter, doch wird es unserer Meinung nach allmählich Zeit, dass er ein wenig mehr ins Rampenlicht rückt. Der festere Tempeh verleiht Gerichten eine fleischigere Konsistenz und enthält außerdem mehr Eiweiß und mehr Ballaststoffe – nimm dies, Tofu! (Nur ein kleiner Scherz, wir haben alle Sojaprodukte gleich lieb.) Und natürlich wäre kein mexikanisch angehauchtes Gericht vollständig ohne Guacamole oder in diesem Fall ein köstliches Avocadodressing.

1   Für den Salat das Olivenöl in einem großen Topf bei mittlerer Temperatur erhitzen. Den Tempeh hineingeben und unter Rühren in 6 bis 8 Minuten goldbraun braten. Dabei nach Bedarf Olivenöl nachgießen.

2   Die Temperatur reduzieren und Sojasauce, Knoblauchpulver, Chilipulver sowie Kreuzkümmel unter den Tempeh rühren. Unter gelegentlichem Rühren etwa 5 Minuten weiterbraten, bis sich die Gewürze gut verteilt haben. Den Topf vom Herd nehmen.

3   Den Kopfsalat auf 4 Schalen verteilen. Im Uhrzeigersinn jeweils ein Viertel der Tomaten, der schwarzen Bohnen, der Maiskörner, des gehackten Korianders, der gehackten Zwiebel und des gebratenen Tempehs darauf anrichten.

4   Für das Avocadodressing Olivenöl, Limettensaft und Avocado mit 60 Milliliter Wasser in einen Mixer geben. Mit Salz und Pfeffer würzen und alles zu einem glatten Dressing mixen.

5   Den Salat mit dem Dressing beträufeln und servieren.

Nahöstlicher Pitasalat

Für 4 Portionen

2 kleine **Pitabrote**

120 ml + 2 EL **Olivenöl**

Meer- oder **Steinsalz**

80 ml **Zitronensaft**, frisch gepresst

1 EL **Weißweinessig**

2 TL **Sumach** oder abgeriebene Schale von 1 **Bio-Zitrone**

¼ TL **Piment**, gemahlen

2 **Knoblauchzehen**, abgezogen und fein gehackt

schwarzer Pfeffer, frisch gemahlen

2 mittelgroße Köpfe **Romana-** oder **grüner Salat**, grob gehackt

1 mittelgroße **Salatgurke**, längs geviertelt und anschließend quer grob gehackt

400 g **Kirschtomaten**, halbiert

5 **Frühlingszwiebeln**, in feine Ringe geschnitten

50 g **Radieschen**, in feine Scheiben geschnitten

1 rote **Paprikaschote**, fein gehackt

25 g **glatte Petersilie**, grob gehackt

15 g **Minzblätter**, grob gehackt

Zu unseren kulinarischen Favoriten gehört eindeutig Fattoush, ein libanesischer Salat aus geröstetem Pitabrot, Tomaten, Radieschen und Gurken. Denn wie könnte man einen Brotsalat mit reichlich köstlichem Gemüse, frischen Kräutern und Sumach nicht lieben? Letzterer, ein Gewürz mit säuerlichem Geschmack, ist aus der nahöstlichen und mediterranen Küche nicht wegzudenken, ebenso wenig wie die Gewürzmischung Za'atar. Mittlerweile gibt es beides in Supermärkten mit gut sortierter Gewürzabteilung zu kaufen; im Notfall kannst du Sumach aber auch durch die abgeriebene Schale einer Bio-Zitrone ersetzen.

1 Den Backofen auf 175 °C vorheizen.

2 Die Pitabrote aufschneiden (ergibt 4 dünne Brote), auf ein Backblech legen und mit 2 Esslöffel Olivenöl bepinseln. Mit Salz würzen und in 5 bis 7 Minuten im Ofen goldbraun und knusprig backen.

3 In einer kleinen Schüssel restliches Olivenöl, Zitronensaft, Essig, Sumach, Piment und Knoblauch zu einem Dressing verrühren. Mit Salz und Pfeffer würzen.

4 Den Salat auf 4 Schalen verteilen. Jeweils ein Viertel der Gurkenstücke, der Tomaten, der Frühlingszwiebelringe, der Radieschenscheiben, der Paprikastücke, der Petersilie und der Minze darauf anrichten.

5 Die knusprig gebackenen Pitabrothälften in kleine Stücke brechen und den Salat damit bestreuen. Das Dressing zum Salat dazu servieren.

Marokkanische Tajine-Bowl

1 Kopf **Blumenkohl**,
vom Strunk befreit und in Röschen geteilt

60 ml + 3 EL **Olivenöl**

Meer- oder **Steinsalz** und
schwarzer Pfeffer, frisch gemahlen

4 kleine **Hähnchenbrustfilets** ohne Haut
à ca. 120–170 g

1½ TL **Koriander**, gemahlen

1½ TL **edelsüßes Paprikapulver**

2 **Knoblauchzehen**, abgezogen und
in feine Scheiben geschnitten

280 g **Babyspinat**

480 g gegarter **Couscous**

100 g **getrocknete Aprikosen**, geviertelt

55 g **Mandelblättchen**, geröstet

Unter einer klassisch marokkanischen Tajine versteht man einen Eintopf aus Huhn- oder Lammfleisch, Gemüse, getrockneten Früchten, Nüssen und jeder Menge Gewürzen, die in einem kegelförmigen Tongefäß – ebenfalls Tajine genannt – geschmort werden. Für unsere Tajine jedoch musst du dir nicht erst eine Tajine kaufen (so weit noch alles klar …?), denn hier tut es auch eine Pfanne. Freue dich auf wunderbar exotische süßsaure Aromen!

1 Den Backofen auf 200 °C vorheizen und ein Backblech mit Alufolie belegen.

2 In einer großen Schüssel den Blumenkohl mit 60 Milliliter Olivenöl vermengen und mit Salz sowie Pfeffer würzen. Auf dem vorbereiteten Backblech verteilen und in 35 bis 40 Minuten goldbraun im Ofen backen. Abkühlen lassen.

3 In der Zwischenzeit eine große Pfanne bei mittlerer bis hoher Temperatur erhitzen. Das Fleisch mit 2 Esslöffel Olivenöl bepinseln, mit Koriander sowie Paprikapulver bestreuen und mit Salz und Pfeffer würzen. In 10 bis 12 Minuten goldbraun braten, dabei nach der Hälfte der Bratzeit einmal wenden. Auf ein Schneidbrett legen, 10 Minuten ruhen lassen und anschließend quer in etwa 1 Zentimeter dicke Scheiben schneiden.

4 Die Temperatur wieder erhöhen und das restliche Olivenöl in die Pfanne geben. Den Knoblauch dazugeben und 20 Sekunden anbraten. Den Spinat hinzufügen, salzen und pfeffern und 2 bis 3 Minuten mitbraten. Die Pfanne vom Herd nehmen.

5 In einem mittelgroßen Topf 540 Milliliter Wasser bei hoher Temperatur zum Kochen bringen. Den Couscous hineingeben und zugedeckt 5 bis 10 Minuten darin garen. Anschließend mit einer Gabel auflockern, die Aprikosen unterrühren und den Couscous weitere 5 Minuten ziehen lassen.

6 Den Couscous auf 4 Schalen verteilen. Fleisch, Blumenkohl sowie Spinat darauf anrichten und mit den Mandelblättchen bestreut servieren.

★ Italienische Bowl
mit Fleischbällchen und weißen Bohnen

Für 4 Portionen

300 g **Kirschtomaten**, halbiert

5 g **glatte Petersilie**, fein gehackt
+ etwas mehr zum Garnieren

3 EL **Rotweinessig**

1 EL **Honig**

1 kleine **Schalotte**, abgezogen und
fein gehackt

Meer- oder **Steinsalz** und
schwarzer Pfeffer, frisch gemahlen

340 g **Schweinehackfleisch**

40 g **Semmelbrösel**

1 EL **getrocknete italienische Kräuter**

55 g geriebener **Mozzarella**

3 EL **Ricotta**

20 g **Parmesan**, gerieben
+ etwas mehr zum Garnieren

1 **Ei** (Größe L), leicht verquirlt

1 **Knoblauchzehe**, abgezogen und
fein gehackt

4 EL **Olivenöl**

350 g **Brokkoliröschen**

850 g **Cannellini-Bohnen** aus der Dose,
abgegossen und abgespült

Natürlich hat jeder schon von Spaghetti mit Fleischbällchen gehört, doch seit Neuestem gehen Letztere fremd. Und zwar mit Cannellini-Bohnen, die in der italienischen Küche ebenfalls zu den Grundnahrungsmitteln gehören. Statt von der Tomatensauce wird unser Duo von einem Tomatenrelish zusammengehalten. Der einzige Nachteil der fehlenden Spaghetti ist, dass man – frei nach einer Szene aus dem Film *Susi und Strolch* – die Cannellini-Bohnen nicht von beiden Enden anknabbern und sich in der Mitte zu einem Kuss treffen kann.

1 Tomaten, Petersilie, Essig, Honig und Schalotte in einer mittelgroßen Schüssel vermengen. Mit Salz und Pfeffer würzen. Das Tomatenrelish mindestens 10 Minuten bei Zimmertemperatur ziehen lassen.

2 Schweinehackfleisch, Semmelbrösel, italienische Kräuter, Mozzarella, Ricotta, Parmesan, Ei und Knoblauch in eine große Schüssel geben. Mit Salz und Pfeffer würzen und gründlich vermengen. Mit den Händen golfballgroße Portionen der Fleischmischung zu Bällchen formen (**A**). Die Menge sollte für etwa 16 Fleischbällchen reichen.

3 2 Esslöffel Olivenöl bei mittlerer bis hoher Temperatur in einer großen Pfanne erhitzen. Die Fleischbällchen eventuell portionsweise nebeneinander hineinlegen und unter Wenden in 10 bis 12 Minuten goldbraun braten (**B**). Anschließend auf einen Teller legen.

4 Die Temperatur wieder auf mittel erhöhen und das restliche Olivenöl in der Pfanne erhitzen. Den Brokkoli hineingeben, mit Salz und Pfeffer würzen und ohne zu rühren 3 bis 4 Minuten braten, bis er an der Unterseite braune Stellen bekommt. Anschließend umrühren (**C**) und weitere 3 bis 4 Minuten braten. In eine Schüssel geben und warm halten.

5 Die Temperatur wieder auf mittel erhöhen und die Bohnen sowie 60 Milliliter Wasser in die Pfanne geben (**D**). Die Mischung zum Köcheln bringen und die Bohnen unter Rühren etwa 2 Minuten in dem Wasser garen. Die Pfanne vom Herd nehmen und die Bohnen mit Salz und Pfeffer würzen.

6 Die Bohnen auf 4 Schalen verteilen und die Fleischbällchen, das Tomatenrelish sowie den Brokkoli darauf anrichten. Mit Parmesan und Petersilie bestreut servieren.

Rinderkebab-Bowl
mit Karotten, Zucchini und Kräuterjoghurt

680 g **Rinderrückensteak** ohne Knochen, in ca. 3 cm große Stücke geschnitten

15 g **glatte Petersilie**, fein gehackt + etwas mehr zum Garnieren

1 EL **edelsüßes Paprikapulver**

1 TL **getrocknete Minze**

½ TL **Kreuzkümmel**, gemahlen

½ TL **Koriander**, gemahlen

¼ TL **Piment**, gemahlen

¼ TL **Zimtpulver**

Meer- oder **Steinsalz** und **schwarzer Pfeffer**, frisch gemahlen

250 g **griechischer Joghurt**

2 EL **Zitronensaft**, frisch gepresst

3 EL **Minzblätter**, fein gehackt

2 mittelgroße **Karotten**, längs geviertelt

1 mittelgroße **Zucchini**, längs geviertelt

3 EL **Olivenöl**

300 g gegarter **Dinkel**

Wir lieben es zu grillen, ob das Wetter nun mitspielt oder nicht. Diese Rinderkebab-Bowls überraschen als Hauptgang bei einem sommerlichen Barbecue (Was war nochmal eine Bratwurst?), können mühelos aber auch drinnen auf dem Herd zubereitet werden. Hier trifft Spießchenessen auf Bowl-Food, und was kommt dabei heraus? Echtes Soulfood eben!

1 Fleisch, die Hälfte der Petersilie, Paprikapulver, getrocknete Minze, Kreuzkümmel, Koriander, Piment und Zimt in eine große Schüssel geben und mit je 1 Teelöffel Salz und Pfeffer würzen. Gründlich vermengen. Auf 8 Holz- oder Metallspieße jeweils 3 oder 4 Stücke Fleisch stecken und auf einen großen Teller legen. Die Spieße mindestens 20 Minuten kühl stellen.

2 In der Zwischenzeit restliche Petersilie, Joghurt, Zitronensaft und Minzblätter in einer kleinen Schüssel zu einer Sauce verrühren und mit Salz sowie Pfeffer würzen.

3 Eine Grillpfanne bei hoher Temperatur erhitzen. Karotten und Zucchini mit 1 Esslöffel Olivenöl bepinseln, mit Salz und Pfeffer würzen, in die heiße Pfanne legen und 8 bis 10 Minuten braten, bis das Gemüse goldbraun ist. Dabei nach der Hälfte der Bratzeit einmal wenden. Das Gemüse auf ein Schneidbrett geben und grob hacken.

4 Die Temperatur wieder auf mittel bis hoch erhöhen. Die Kebabs mit dem restlichen Olivenöl bepinseln und unter Wenden 8 bis 10 Minuten in der Pfanne braten. Anschließend aus der Pfanne nehmen.

5 Den Dinkel auf 4 Schalen verteilen und Karotten sowie Zucchini darauf anrichten. Jeweils 2 Kebabs darauflegen und mit einem Klecks Joghurtsauce garnieren. Mit Petersilie bestreuen und servieren.

★ Herzhafte
Herbst-Bowl

Für 4 Portionen

4 **Hähnchenschenkel** mit Haut

Meer- oder **Steinsalz** und
schwarzer Pfeffer, frisch gemahlen

1 großer **säuerlicher Apfel**, vom Kern-
gehäuse befreit und in 12 Spalten
geschnitten

450 g **Rosenkohl**, halbiert

2 EL **Olivenöl**

100 g **Pekannüsse**

2 EL **Ahornsirup**

⅛ TL **Cayennepfeffer**

300 g gegarter **Naturreis**

55 g **Ziegenkäse** oder
Blauschimmelkäse, zerkrümelt

Nichts erinnert so sehr an den Herbst wie ein perfekt karamellisierter Apfel. Die warmen Äpfel und der Rosenkohl, das knusprige Hähnchenfleisch, der kernige Naturreis und die gezuckerten Pekannüsse, die hier clever im ausgelassenen Fett des Hähnchens geröstet werden, machen dieses Gericht zu einer tröstlichen Umarmung in Form einer Bowl. Ach, wenn nur jede Umarmung mit Käse bestreut wäre …!

1 Den Backofen auf 200 °C vorheizen und ein Backblech mit Backpapier oder Alufolie belegen.

2 Die Hähnchenschenkel rundum mit Salz und Pfeffer würzen und mit der Hautseite nach unten in eine große Pfanne legen. Die Pfanne bei mittlerer Temperatur erhitzen und die Hähnchenschenkel etwa 10 Minuten anbraten, bis die Haut dunkelgoldbraun und knusprig ist. Dabei nicht wenden. Mithilfe einer Küchenzange mit der Hautseite nach oben auf eine Seite des vorbereiteten Backblechs legen. Die Pfanne vom Herd nehmen, das Fett in der Pfanne lassen.

3 Apfelspalten und Rosenkohl in eine mittelgroße Schüssel geben, mit dem Olivenöl beträufeln und vermengen. Mit Salz und Pfeffer würzen und auf der anderen Seite des Backblechs verteilen. Fleisch, Apfelspalten und Rosenkohl etwa 20 Minuten im Ofen backen, bis die Äpfel und der Rosenkohl leicht karamellisiert und zart sind.

4 In der Zwischenzeit das aufbewahrte Fett in der Pfanne bei mittlerer bis hoher Temperatur erhitzen. Die Pekannüsse hineingeben, mit Salz und Pfeffer würzen und unter Wenden 2 bis 3 Minuten in dem Fett rösten. Die Pfanne vom Herd nehmen und Ahornsirup sowie Cayennepfeffer unter die Pekannüsse rühren. Auf einen Teller geben und abkühlen lassen.

5 Das Backblech aus dem Ofen nehmen und das Fleisch vor dem Servieren 10 Minuten ruhen lassen.

6 Den Reis auf 4 Schalen verteilen und mit Apfelspalten sowie Rosenkohl belegen. Das Hähnchenfleisch mit der Haut in Scheiben schneiden. In den Schalen anrichten, mit Pekannüssen bestreuen und mit Käse garniert servieren.

★ Pfeffer-Tofu-
Reis-Bowl

400 g **extrafester Tofu**, abgegossen und
in ca. 2½ cm große Würfel geschnitten

1 EL **Meer-** oder **Steinsalz**
+ bei Bedarf etwas mehr

3 EL **Pflanzenöl**

340 g **grüne Bohnen**, Enden abgeschnitten,
halbiert (optional)

1 EL **schwarzer Pfeffer**, frisch gemahlen
+ bei Bedarf etwas mehr

1 TL **Zucker**

3 **Knoblauchzehen**, abgezogen und
fein gehackt

2 große **Frühlingszwiebeln**,
in ca. 1 cm große Stücke geschnitten

1 **Serrano-Chilischote**, entkernt (optional)
und in dünne Ringe geschnitten

300 g gegarter **Reis**

8 **Champignons**,
in sehr feine Scheiben gehobelt

Korianderblätter zum Garnieren

Tofu ist wie ein Aromenschwamm: Er schmeckt selbst nach
nicht viel, saugt die Gewürze in seiner Umgebung aber
gierig auf und entwickelt sich so zum kleinen Geschmacks-
wunder. In diesem Rezept wird mehr schwarzer Pfeffer verwendet, als du es möglicherweise gewohnt bist; statt als Hin-
tergrundnote lediglich durchzuschimmern, steht er hier voll
im Mittelpunkt. Wer es noch schärfer mag, lässt die Kerne in
der Chilischote – zarter Besaitete kratzen sie lieber heraus.

1 Den Tofu in eine große Schüssel geben und gleichmäßig mit
dem Salz bestreuen. Mit kochendem Wasser bedecken (**A**) und
so lange vorsichtig rühren, bis sich das Salz aufgelöst hat. Den
Tofu 15 Minuten einweichen (**B**). Anschließend abgießen, auf
Küchenkrepp geben und vollständig trocken tupfen (**C**).

2 In der Zwischenzeit das Pflanzenöl in einem Wok oder in einer
großen Pfanne bei mittlerer bis hoher Temperatur erhitzen.
Die grünen Bohnen hineingeben, mit Salz würzen und mit dem
Öl verrühren. Anschließend ohne zu rühren etwa 2 Minuten
braten, bis die Bohnen auf der Unterseite leicht gebräunt sind.
Nun umrühren (**D**). 2 Minuten weiterbraten, bis die Bohnen gar
sind. Mithilfe einer Küchenzange auf Küchenkrepp geben und
abtropfen lassen.

3 Die Temperatur auf hoch erhöhen. Den Tofu ins Restöl im Wok
geben und unter gelegentlichem Wenden in etwa 5 Minuten
goldbraun braten. Die Temperatur auf mittel bis hoch reduzieren. Pfeffer, Zucker, Knoblauch, Frühlingszwiebeln und Chili in
den Wok geben (**E**) und unter häufigem Wenden 2 bis 3 Minuten mitbraten, bis die Mischung zu duften beginnt und der Tofu
knusprig ist (**F**).

4 Den Reis auf 4 Schalen verteilen. Den Tofu daraufgeben und
grüne Bohnen sowie Champignonscheiben daneben anrichten.
Mit Koriander bestreut servieren.

Frittata-Sandwiches

Die Frittata-Sandwiches gibt es in den USA, wo sie gern zum Frühstück verzehrt werden, fertig zu kaufen. Doch da wir echte kulinarische Rebellen sind, machen wir sie selbst und servieren sie auch mal als tasty Mittag- oder Abendessen oder als Snack. Wir bemühen uns eben bei jeder Mahlzeit ums Gelbe vom Ei. Du kannst die Frittata-Sandwiches übrigens auch hervorragend im Voraus zubereiten, einzeln einfrieren und bei Bedarf in der Mikrowelle oder im Ofen aufwärmen.

Für 4 Portionen

<‧‧‧‧‧‧‧‧‧‧‧‧‧‧‧‧‧‧>

1 EL **Olivenöl**

8 **Eier** (Größe L)

60 ml **Milch**

2 EL **Schnittlauch**, fein gehackt

Meer- oder **Steinsalz** und **schwarzer Pfeffer**, frisch gemahlen

4 **English Muffins** (alternativ: Toaster-Brötchen), aufgeschnitten

4 Scheiben **Cheddar**

75 g **gegrillte rote Paprika** aus dem Glas

20 g **Rucola**

60 ml **Dijonsenf**

1 Den Backofen auf 175 °C vorheizen und eine quadratische Auflaufform (20 cm Ø) mit dem Olivenöl einfetten.

2 Eier, Milch und Schnittlauch in einer mittelgroßen Schüssel verrühren. Die Mischung mit Salz und Pfeffer würzen, in die vorbereitete Auflaufform geben und rund 30 Minuten im Ofen backen, bis der Teig aufgegangen und in der Mitte gerade fest ist. Herausnehmen, auf ein Ofengitter stellen und die Frittata in der Form in 4 Quadrate schneiden.

3 Die English-Muffin-Hälften toasten, anschließend die unteren Hälften mit je 1 Scheibe Cheddar belegen. Je 1 Frittataquadrat darauflegen und Paprikastreifen sowie Rucola darauf verteilen. Die oberen Muffinhälften innen mit je etwa 1 Esslöffel Senf bestreichen, die Muffins zuklappen und servieren.

in vier Varianten ➜

MEAL PREP

Variante 1

½ Avocado dazu servieren: mit Olivenöl und etwas Limettensaft beträufelt sowie mit Salz und Pfeffer gewürzt.

Variante 2

Zusätzlich mit einer Gemüsefrikadelle belegt.

Mit Orangenspalten oder Obstsalat serviert.

Mit einem grünen Saft oder Smoothie serviert.

Variante 4

Variante 3

Pita mit Geflügelsalat

375 g **Grillhähnchen**, in Streifen geschnitten

165 g **griechischer Joghurt**

50 g **Stangensellerie**, fein gehackt

1½ EL **Dillgurkenrelish**

1 EL **Dijonsenf**

1 TL **Knoblauchpulver**

½ TL **edelsüßes Paprikapulver**

1 **Frühlingszwiebel**, in feine Ringe geschnitten

Meer- oder **Steinsalz** und **schwarzer Pfeffer**, frisch gemahlen

4 Blätter **Romana-** oder **Kopfsalat**

4 **Pitabrote**, geröstet

12 **Kirschtomaten**, halbiert

Nichts gegen Mayonnaise, aber manchmal darf es ruhig auch etwas leichter sein. Und da kommt der griechische Joghurt ins Spiel. Er hat einen ähnlichen Geschmack und eine ähnliche Konsistenz wie Mayonnaise, enthält aber weniger Fett, weniger Salz und weniger Kalorien – dafür allerdings mehr Eiweiß. Deshalb macht unsere gesündere Version des klassischen Geflügelsalats zwar satt, liegt aber nicht schwer im Magen.

1 In einer großen Schüssel Grillhähnchenstreifen, Joghurt, Sellerie, Dillgurkenrelish, Senf, Knoblauchpulver, Paprikapulver und Frühlingszwiebelringe vermengen. Mit Salz und Pfeffer würzen und noch einmal gründlich vermengen.

2 Jeweils 1 Salatblatt in die Pitabrote geben und die Brote anschließend mit jeweils einem Viertel des Geflügelsalats füllen. Die Tomaten dazugeben. Die Pitabrote in Alufolie wickeln und servieren.

Truthahn-Restesandwich

80 ml **Olivenöl**

2 EL **Weißweinessig**

2 EL **Zitronensaft**, frisch gepresst

1 EL **Dill**, fein gehackt

2 TL **Dijonsenf**
+ etwas mehr zum Bestreichen

450 g übrig gebliebener gegarter **Truthahn**,
in ca. 1 cm große Stücke geschnitten

60 g **Sauerrahm**

½ große **Gemüsezwiebel**,
abgezogen und fein gehackt

Meer- oder **Steinsalz** und
schwarzer Pfeffer, frisch gemahlen

1 kleiner Kopf **grüner Salat**, in Blätter
getrennt, abgespült und trocken getupft

8 Scheiben **Sandwichbrot**,
vorzugsweise Vollkorn

8 Scheiben **Schweizer Käse**

Jeder weiß, dass das Beste an Thanksgiving die Essensreste sind. Und da in den USA der Truthahn, auch bekannt als Pute, zu Erntedank gehört wie die derzeit 50 Sterne zur amerikanischen Flagge, haben wir uns überlegt, was man mit den köstlichen Fleischüberbleibseln anstellen kann. Natürlich ist uns etwas eingefallen: Mit säuerlicher Vinaigrette, cremigem Sauerrahm und frischem Salat lassen sich daraus leckere Sandwiches zaubern, die nicht nur im November schmecken.

1 In einer mittelgroßen Schüssel Olivenöl, Essig, Zitronensaft, Dill und Senf verrühren. 3 Esslöffel der Vinaigrette in eine weitere Schüssel füllen und beiseitestellen. Truthahnstücke, Sauerrahm und Zwiebel zur Vinaigrette in die mittelgroße Schüssel geben und alles gut vermengen. Mit Salz und Pfeffer würzen.

2 Die Salatblätter zur Vinaigrette in der anderen Schüssel geben, salzen und pfeffern und vorsichtig vermengen.

3 4 Scheiben Brot mit Senf bestreichen sowie mit Truthahnsalat, jeweils 2 Scheiben Käse und einigen Salatblättern belegen. Die restlichen Brotscheiben darauflegen. Die Sandwiches in Alufolie wickeln und servieren.

Blätterteigtaschen
mit Huhn, Brokkoli und Cheddar

2 Lagen (ca. 20 x 20 cm) **TK-Blätterteig**, über Nacht im Kühlschrank aufgetaut

125 g **Alfredo-Sauce** *(siehe auch S. 83)* aus dem Glas + etwas mehr zum Servieren

200 g **TK-Brokkoliröschen**, gegart und abgekühlt

100 g **Grillhähnchen**, in Streifen geschnitten

60 g **Cheddar**, gerieben

1 **Ei** (Größe L), mit 1 EL Wasser verquirlt, zum Bestreichen

Eines ist Fakt: Wir können unsere Mahlzeiten nicht immer an einem hübsch gedeckten Tisch ohne Handy, ohne Ablenkung und ohne Zeitdruck zu uns nehmen. Manchmal müssen wir auf dem Beifahrersitz, am Schreibtisch oder auf dem Weg irgendwohin essen. So ist das Leben! Und wenn es so ist, dann freuen wir uns umso mehr über diese Blätterteigtaschen mit Huhn, Brokkoli und Cheddar. Eine ausgewogene Mahlzeit? Lässt sich auch einhändig genießen!

1 Den Backofen auf 200 °C vorheizen und ein Backblech mit Backpapier oder Alufolie belegen.

2 Die Blätterteiglagen auf einem Schneidbrett in jeweils 6 Rechtecke schneiden (**A**). Die Hälfte der Rechtecke auf das vorbereitete Backblech legen.

3 Jedes Teigrechteck auf dem Backblech mit 1 gehäuften Esslöffel Alfredo-Sauce bestreichen, dabei einen etwa 1 Zentimeter breiten Rand frei lassen (**B**). Brokkoli (**C**), Grillhähnchenstreifen und geriebenen Cheddar auf die Alfredo-Sauce geben und gleichmäßig auf den Teigrechtecken verteilen (**D**).

4 Den restlichen Blätterteig auf die Teigrechtecke legen (**E**). Die Ränder zusammendrücken und mit einer Gabel versiegeln. Die Blätterteigtaschen mit dem verquirlten Ei bestreichen (**F**).

5 20 bis 25 Minuten goldbraun im Ofen backen. Das Backblech aus dem Ofen nehmen und die Blätterteigtaschen vor dem Servieren 10 Minuten abkühlen lassen.

6 Die Taschen in Alufolie wickeln und servieren. Ein wenig Alfredo-Sauce zum Dippen dazu servieren.

Tomate-Kichererbsen-Wrap

2 EL **Olivenöl**

850 g **Kichererbsen** aus der Dose, abgegossen, abgespült und gründlich trocken getupft

150 ml **milde Chilisauce**

1 TL **Knoblauchpulver**

Meer- oder **Steinsalz** und **schwarzer Pfeffer**, frisch gemahlen

160 g **Hummus**

2 EL **Zitronensaft**, frisch gepresst

4 **Weizentortillas**

4 Blätter **Romana-** oder **Kopfsalat**

4 dicke Scheiben **Rispentomate**

25 g **rote Zwiebel**, abgezogen und in feine Scheiben geschnitten

Statt Wraps fertig zu kaufen und dabei nie so ganz zu wissen, was drin ist, kann man sich die leckeren Snacks to go auch selbst machen. Wir haben die Herausforderung angenommen und gleich eine vegane Variante entwickelt, die geschmacklich absolut nichts zu wünschen übrig lässt. Das Anrösten der Kichererbsen verleiht ihnen einen verführerischen Crunch, und die Sauce auf Hummusbasis ist die perfekte vegane und eiweißreiche Alternative zu Ranch- oder Blauschimmelkäsedressing.

1 Das Olivenöl bei mittlerer Temperatur in einem großen Topf erhitzen. Die Kichererbsen hineingeben und unter Rühren 4 bis 5 Minuten hellbraun anbraten. Chilisauce und Knoblauchpulver dazugeben und die Mischung mit Salz sowie Pfeffer würzen. Unter Rühren 5 Minuten weiterbraten, bis die Sauce leicht eindickt. Anschließend den Topf vom Herd nehmen.

2 In einer kleinen Schüssel Hummus und Zitronensaft mit 1 Esslöffel Wasser verrühren.

3 Jede Tortilla mit 1 Salatblatt belegen. Ein Viertel der Kichererbsenmischung daraufgeben und mit je 1 Tomatenscheibe sowie einem Viertel der Zwiebelscheiben belegen. Zum Schluss jede Tortilla mit einem Viertel des Dressings beträufeln.

4 Die Seiten der Tortilla über die Füllung schlagen und die Tortilla zu einer Rolle formen. Die Rolle quer in zwei Hälften schneiden. Jeden Wrap in Alufolie wickeln und servieren.

Geröstetes Steak-Cheddar-Sandwich

mit schnell eingelegten Karotten

240 ml **Weißweinessig**

1 EL **Meer-** oder **Steinsalz**

1 EL **schwarze Pfefferkörner**

2 TL **Chiliflocken**, zerdrückt

4 mittelgroße **Karotten**,
in ca. ½ cm breite Stifte geschnitten

2 **Knoblauchzehen**, abgezogen und
zerdrückt

1 große **Schalotte**, abgezogen und
in feine Scheiben geschnitten

1 EL **Pflanzenöl**

225 g **Flanksteak**

Meer- oder **Steinsalz** und
schwarzer Pfeffer, frisch gemahlen

2 EL **Butter**

4 Scheiben **Sauerteigbrot**

225 g **reifer Cheddar**, gerieben

Dieses Sandwich wirst du lieben, und zwar nicht zuletzt wegen der superschnell eingelegten Karotten. Die schmecken einfach himmlisch, ob nun auf dem Burger, in Salaten oder als Tacofüllung. Ihre säuerliche Note passt hier besonders gut zur Reichhaltigkeit des Steaks und des Käses. Und dass das Ganze auch noch schnell geht, ist ebenfalls kein Nachteil.

1 Essig, Salz, Pfefferkörner, Chiliflocken, Karotten, Knoblauch und Schalotte mit 300 Milliliter Wasser in einem mittelgroßen Topf verrühren (**A**). Bei hoher Temperatur zum Kochen bringen und unter Rühren 1 Minute kochen lassen. Den Topf vom Herd nehmen und die Karotten in rund 20 Minuten auf Zimmertemperatur abkühlen lassen. (Falls du sie nicht sofort verwenden möchtest, mit der Flüssigkeit in einen luftdicht verschließbaren Behälter geben und kühl stellen. Im Kühlschrank halten sie sich bis zu 2 Wochen.)

2 In der Zwischenzeit das Pflanzenöl bei hoher Temperatur in einer großen gusseisernen Pfanne erhitzen. Das Steak salzen und pfeffern, in die Pfanne legen und 6 bis 8 Minuten braten, bis es außen goldbraun und innen medium-rare ist (**B**). Nach der Hälfte der Bratzeit einmal wenden. Auf ein Schneidbrett legen und 10 Minuten ruhen lassen.

3 Die Butter in der Pfanne zerlassen. 2 Scheiben Brot hineinlegen, mit jeweils 50 Gramm Cheddar bestreuen und in etwa 3 Minuten goldbraun rösten.

4 Das Steak quer zur Faser in dünne Scheiben schneiden und die Brote in der Pfanne damit belegen (**C**). Mit dem restlichen Käse bestreuen (**D**) und mit den restlichen Brotscheiben bedecken. Die Sandwiches wenden (**E**) und zugedeckt 2 bis 3 Minuten auf der anderen Seite rösten, bis der Käse vollständig geschmolzen ist.

5 Die Sandwiches auf ein Schneidbrett legen und in Alufolie wickeln. Die eingelegten Karotten dazu servieren.

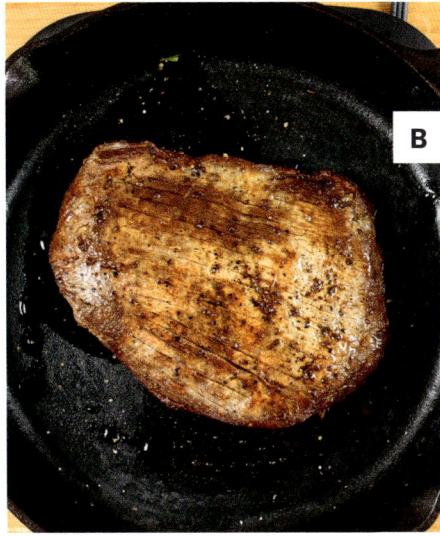

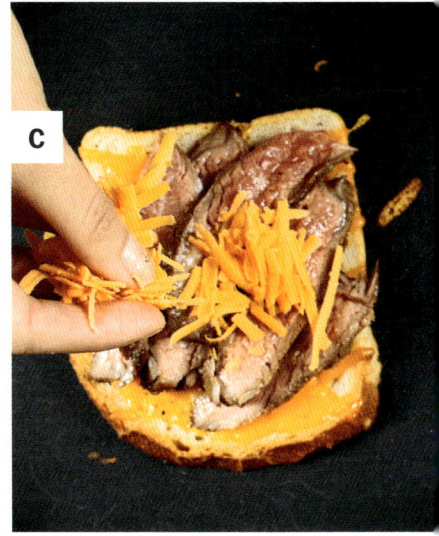

Marokkanisches Thunfischbaguette
mit Oliven und Paprika

3 EL **Olivenöl**

1 kleine **Zwiebel**, abgezogen und fein gehackt

1 kleine **rote Paprikaschote**, fein gehackt

60 g **Harissa**

2 **Knoblauchzehen**, abgezogen und fein gehackt

425 g **ganze geschälte Tomaten** aus der Dose, von Hand im eigenen Saft zerdrückt

Meer- oder **Steinsalz** und **schwarzer Pfeffer**, frisch gemahlen

2 **Baguettes** à ca. 60 cm Länge

340 g **Thunfisch in Olivenöl**, abgegossen

100 g **Kalamata-Oliven**, entsteint

45 g **Kapern**, abgegossen und abgespült

4 **Peperoni**, abgegossen, entstielt und in feine Ringe geschnitten

½ kleine **Salatgurke**, in feine Scheiben geschnitten

Okay, wir geben es zu: Wir wollen die Welt zu Harissa-Fans bekehren. Die leuchtend rote Gewürzpaste aus der maghrebinischen Küche besteht aus gerösteten roten Chilischoten, Knoblauch, Kreuzkümmel, Koriandersamen, Salz und Olivenöl. Sie ist integraler Bestandteil vieler traditioneller tunesischer und marokkanischer Gerichte und passt mit ihrem scharf-rauchigen Geschmack ausgezeichnet zu gegrilltem Gemüse (wie dieses Rezept beweist), Salatdressings sowie Eiern. Und falls das zur Bekehrung noch nicht reicht, dann probier doch einfach mal dieses Baguette.

1 Den Backofen auf 190 °C vorheizen.

2 Das Olivenöl bei mittlerer bis hoher Temperatur in einer großen Pfanne erhitzen. Zwiebel sowie Paprika hineingeben und unter gelegentlichem Rühren 6 bis 8 Minuten dünsten. Harissa und Knoblauch hinzufügen und unter gelegentlichem Rühren rund 2 Minuten mitdünsten, bis die Mischung zu duften beginnt. Die Tomaten mitsamt Saft dazugeben und unter häufigem Rühren zum Köcheln bringen. Die Temperatur auf mittel bis niedrig reduzieren und die Mischung unter Rühren in etwa 8 Minuten einreduzieren lassen. Die Pfanne vom Herd nehmen und die Sauce mit Salz und Pfeffer würzen.

3 Die Baguettes seitlich längs einschneiden. Auf ein Backblech legen und in rund 5 Minuten im Ofen knusprig backen. Anschließend aus dem Ofen nehmen.

4 Die Tomatensauce in den Baguettes verteilen. Den Thunfisch mit einer Gabel in mundgerechte Stücke zerpflücken und ebenfalls in den Baguettes verteilen. Mit Oliven, Kapern sowie Peperoniringen und zum Schluss mit Gurkenscheiben belegen. Die Baguettes zuklappen und quer in Hälften oder Drittel schneiden. In Alufolie wickeln und servieren.

★ BLT mit Aubergine

60 ml **Olivenöl**

3 EL **Tamari** oder **Coconut Aminos**
(sojafreie Würzsauce); ersatzweise für
Nicht-Veganer **Sojasauce**

2 EL **vegane Worcestershiresauce**;
ersatzweise für Nicht-Veganer normale
Worcestershiresauce

2 EL **Ahornsirup**

1 EL **geräuchertes Paprikapulver**

1 TL **schwarzer Pfeffer**, frisch gemahlen

½ TL **Knoblauchpulver**

1 mittelgroße **Aubergine**, längs geviertelt

Meersalzflocken

8 Scheiben **Sandwichbrot**

vegane Mayonnaise

8 Scheiben **Rispentomate**

4 Blätter **Eisberg-** oder **Kopfsalat**

Einer der Gründe, warum Speck so köstlich ist, besteht in seinem auffällig rauchigen Aroma, weshalb wir uns beim Entwickeln einer veganen Variante des klassischen BLT-Sandwiches (Bacon, Lettuce & Tomato, also Speck, Salat & Tomate) dafür entschieden haben, ihn durch Aubergine zu ersetzen. Das Gemüse weist ebenfalls einen leicht rauchigen Geschmack auf, vor allem dann, wenn man es mit etwas geräuchertem Paprikapulver würzt. Hobelt man die Aubergine in dünne Scheiben, wird sie auch fast so knusprig wie Speck, während ihr Tamari, Worcestershiresauce und Ahornsirup die ideale herzhafte Süße verleihen.

1 Den Backofen auf 175 °C vorheizen und zwei Backbleche mit hohem Rand mit Backpapier belegen.

2 In einer mittelgroßen Schüssel Olivenöl, Tamari, Worcestershiresauce, Ahornsirup, Paprikapulver, Pfeffer und Knoblauchpulver verrühren.

3 Die Aubergine längs in etwa 2 Millimeter dünne Scheiben hobeln, zur Sauce in die Schüssel geben und gründlich mit der Sauce vermengen. Die Auberginenscheiben nebeneinander auf die vorbereiteten Backbleche legen.

4 Rund 30 Minuten im Ofen backen, bis das Gemüse goldbraun und knusprig ist. Die Bleche aus dem Ofen nehmen, auf Ofengitter stellen und die Auberginenscheiben mit Meersalzflocken bestreuen. 5 Minuten abkühlen lassen.

5 Das Sandwichbrot nach Belieben rösten und jeweils auf einer Seite mit Mayonnaise bestreichen. 4 Brotscheiben mit jeweils 2 Tomatenscheiben sowie 1 Salatblatt belegen. Jeweils ein Viertel der Auberginenscheiben daraufgeben. Mit 1 weiteren Brotscheibe mit der Mayonnaise nach unten bedecken, in Alufolie wickeln und servieren.

Zum Naschen

MEAL PREP

☆ Schnelle und einfache

Obstsalate

In einem Kapitel, in dem es um Leckereien für zwischendurch geht, wollen wir mit den leckersten aller Snacks beginnen: frischen Früchten. Die folgenden luftig-leichten Obstsalate enthalten einige unserer Lieblingsfrüchte, denen keine überflüssigen Schnickschnackzutaten die Show stehlen. Ein Hauch Zucker, ein Prischen Salz (Salz im Obstsalat, du hast richtig gelesen …), ein Tropfen Honig – mehr ist nicht nötig, um die kleinen Vitaminbomben in kulinarische Stars zu verwandeln!

‹• • • • • • • • • • • • • • • ›

in vier Varianten →

Rote Beeren

4 in Scheiben geschnittene Erdbeeren, 8 Himbeeren, 8 halbierte dunkle Trauben und 8 halbierte entsteinte Kirschen in einer Dessertschale vermengen. Mit 1 Teelöffel Zucker sowie 1 Prise Meer- oder Steinsalz bestreuen und gekühlt servieren.

Melone und Minze

80 Gramm Stücke einer reifen Honigmelone, 80 Gramm Stücke einer reifen Cantaloupe-Melone und 60 Gramm Gurkenstücke in einer Dessertschale vermengen. Mit 2 Esslöffel Minzblattstreifen, 1 Teelöffel Zucker sowie 1 Prise Meer- oder Steinsalz bestreut servieren.

Tropisch

120 Gramm Ananasstücke, Spalten von 1 kleinen Orange und 80 Gramm Mangostücke in einer Dessertschale vermengen. Mit etwas Honig beträufelt sowie mit gerösteten Kokosflocken bestreut servieren.

Herbstlich

½ in Stücke geschnittenen Apfel, ½ in Stücke geschnittene reife Birne, 1 Esslöffel Ahornsirup, 1 Teelöffel frisch gepressten Zitronensaft und je 1 Prise Zimtpulver sowie Meer- oder Steinsalz in einer Dessertschale vermengen. Mit einem Klecks Naturjoghurt garniert servieren.

Rote Beeren

Tropisch

Melone und Minze

Herbstlich

Kokos-Chia-Pudding

mit Orange, Ananas und getrockneten Kirschen

360 ml **gesüßte Mandelmilch mit Vanillearoma**

85 g **Chiasamen**

80 g **getrocknete Kirschen**, ohne Stein

2 EL **Ahornsirup**

½ TL **Meer-** oder **Steinsalz**

1 **Orange**, geschält und in Spalten geteilt

¼ **Ananas**, vom Strunk befreit und fein gehackt

Kokos-Chips, geröstet, zum Garnieren (optional)

Hätte man uns vor zehn Jahren gesagt, dass Chiapudding eines Tages zu unseren Lieblingsgerichten auf dem Frühstückstisch gehören würde, hätten wir denjenigen zweifelsohne für verrückt erklärt. Deshalb zeigen wir auch nicht mit dem Finger auf dich, solltest du noch kein hemmungsloser Chiafan sein. Doch tu uns einen Gefallen und probier diesen veganen Pudding: Er ist so cremig und dank der frischen Orange sowie der Ananas gleichzeitig so erfrischend, dass auch du dem Charme der kleinen Samen bald erliegen wirst.

1 In einer großen Schüssel Mandelmilch, Chiasamen, getrocknete Kirschen, Ahornsirup und Salz verrühren. Mit Klarsichtfolie bedecken und mindestens 6 Stunden, besser aber über Nacht, kühl stellen.

2 Den Chiapudding gründlich verrühren und auf 4 Dessertschalen verteilen. Mit Orangenspalten und gehackter Ananas garnieren. Nach Belieben mit gerösteten Kokos-Chips bestreut sofort servieren oder mit Klarsichtfolie bedecken und bis zu 5 Tage im Kühlschrank aufbewahren. In letzterem Fall erst kurz vor dem Servieren mit Kokos-Chips bestreuen.

Ahornsirup-Zimt-
Studentenfutter

140 g **ungeröstete geschälte Kürbiskerne**

100 g **Walnüsse**, grob gehackt

140 g **ganze ungeschälte Mandeln**

3 EL **Ahornsirup**

1½ TL **Meer-** oder **Steinsalz**

1 TL **Zimtpulver**

120 g **getrocknete Cranberrys**

Ob du dich nun gerade auf einer Bergwanderung befindest oder aber im übertragenen Sinn auf der Wanderung durchs Leben – dieser Snack schenkt dir die Power, die du für deinen Weg brauchst. Ein wenig Ahornsirup sowie eine Handvoll getrocknete Cranberrys sorgen für genau die richtige Menge an Süße, während Meersalz und Zimtpulver die Aromen geschickt ausbalancieren. Die Knabbermischung kann man pur einfach so oder als Duo mit einem Klecks griechischem Joghurt genießen.

1 Den Backofen auf 175 °C vorheizen und ein Backblech mit hohem Rand mit Backpapier belegen.

2 In einer großen Schüssel Kürbiskerne, Walnüsse, Mandeln, Ahornsirup, Salz und Zimtpulver vermengen. Die Mischung gleichmäßig auf dem vorbereiteten Backblech verteilen und die Schüssel beiseitestellen (du brauchst sie gleich wieder und musst sie jetzt nicht säubern). Das Studentenfutter etwa 20 Minuten im Ofen rösten, dabei alle 5 Minuten am Blech rütteln, damit die Mischung gleichmäßig bräunt.

3 Die Nussmischung wieder in die beiseitegestellte Schüssel geben und in etwa 10 Minuten vollständig abkühlen lassen. Dabei hin und wieder umrühren. Anschließend die Cranberrys unterrühren.

4 Das Ahornsirup-Zimt-Studentenfutter hält sich in einem luftdicht verschlossenen Behälter bei Zimmertemperatur bis zu 1 Woche.

Frozen Yogurt Cups
mit Erdnussbutter und Heidelbeeren

250 g **griechischer Joghurt**
1 EL **Honig**
65 g + 2 EL **Erdnussbutter ohne Stücke**
50 g **frische** oder **TK-Heidelbeeren**

Diese gefrorene Köstlichkeit enthält keinen zugesetzten Zucker, dafür aber jede Menge Eiweiß. Sie eignet sich ideal, wenn man an heißen Sommertagen Lust auf Eis hat, aber nicht auf wertvolle Inhaltsstoffe wie beispielsweise die Antioxidantien in den Heidelbeeren verzichten will. Und bis zum Nachtisch muss man damit auch nicht warten, denn wie heißt es so schön? Du weißt nie, was passiert – also fang lieber mit dem Dessert an.

1   6 Mulden einer Muffinform mit Papierförmchen auskleiden. In einer kleinen Schüssel Joghurt und Honig verrühren. Jeweils 3 Esslöffel der Mischung in die vorbereiteten Förmchen geben und glatt streichen.

2   Die Erdnussbutter in eine mikrowellengeeignete Schüssel geben und auf höchster Stufe etwa 15 Sekunden in der Mikrowelle erhitzen. Jeweils 1 Esslöffel der weichen Erdnussbutter vorsichtig auf dem Joghurt in den Förmchen verteilen und mit den Heidelbeeren garnieren.

3   Die Yogurt Cups für etwa 2 Stunden ins Gefrierfach stellen und anschließend servieren. In einem luftdicht verschlossenen Behälter halten sie sich im Gefrierfach bis zu 1 Monat lang.

★ Vegane
Bananeneis-Sandwiches

Für 8 Stück

3 sehr reife **Bananen**, geschält

60 ml **Pflanzendrink** nach Wahl,
z. B. Mandel-, Reis- oder Hafermilch

1 TL **Vanilleextrakt**

¼ TL **Meer-** oder **Steinsalz**

16 dünne **Schokoladenkekse**
(mindestens 5 cm Ø)

Bananen sind ja gewissermaßen die Eiscreme der Natur. Deshalb haben wir uns ein Rezept ausgedacht, das sie auf die bestmögliche Weise ehrt, die wir uns nur vorstellen können: püriert zwischen zwei Schokokeksen. (Im Ernst: Gibt es eine größere Ehre, als zwischen zwei Keksen eingeklemmt zu sein?) Die veganen Bananeneis-Sandwiches sind so einfach zuzubereiten, wie sie lecker sind – und eine tolle Möglichkeit, schon etwas vom Leben gezeichnete Bananen auf das Köstlichste zu verwerten.

1 Ein Backblech mit Backpapier belegen. Die Bananen quer in Scheiben schneiden und auf das vorbereitete Backblech legen (**A**). Für mindestens 2 Stunden, besser aber über Nacht, ins Gefrierfach stellen.

2 In der Küchenmaschine (**B**) gefrorene Bananenscheiben, Pflanzendrink, Vanilleextrakt und Salz zu einer glatten Mischung verarbeiten (**C**). Die »Eiscreme« in eine kleine Kastenform füllen und für mindestens 2 Stunden, besser aber über Nacht, ins Gefrierfach stellen.

3 Die Hälfte der Schokokekse auf ein Backblech legen und jeweils 1 Kugel »Eiscreme« daraufgeben (**D**). Mit den restlichen Schokokeksen belegen und servieren. In einem luftdicht verschlossenen Behälter halten sich die veganen Bananeneis-Sandwiches im Gefrierfach bis zu 3 Tage.

Hafer-Rosinen-
Energiekugeln

55 g **Mandelbutter**
85 g **Honig**
½ TL **Zimtpulver**
½ TL **Vanilleextrakt**
1 Prise **Meer-** oder **Steinsalz**
100 g **kernige Haferflocken**
45 g **Rosinen**
30 g **Pekannüsse**, fein gehackt

Mit diesen kleinen Powerkugeln machst du jedem 15-Uhr-Loch im Handumdrehen den Garaus! Sie halten dich garantiert bis nach der Arbeit auf den Beinen und sorgen dafür, dass du den Abend anders verbringen kannst, als erschöpft auf der Couch abzuhängen. Sie sind die perfekte Alternative zu gekauften Energieriegeln, die meist unendlich viel Zucker enthalten – hier weißt du, was drinsteckt, denn schließlich hast du es ja selbst hineingetan. *Die* Süßigkeit für Naschkatzen, die nicht ins Zuckerkoma fallen wollen.

1 In einer großen Schüssel Mandelbutter, Honig, Zimt, Vanilleextrakt und Salz verrühren. Haferflocken, Rosinen sowie Pekannüsse dazugeben und noch einmal alles gründlich verrühren. Die Mischung für rund 30 Minuten ins Gefrierfach stellen.

2 Esslöffelgroße Portionen von der Mischung abstechen und mit den Händen zu Kugeln formen; es sollten sich etwa 12 Kugeln ergeben. Die Kugeln auf einen Teller legen und bis zum Servieren zugedeckt kühl stellen. Auf diese Weise halten sie sich im Kühlschrank bis zu 1 Woche.

Brownies
für Gesundheitsbewusste

Für 12 Stück

220 g **Mehl**

1 TL **Backpulver**

60 g **ungesüßter Backkakao**

55 g **frischer Spinat**

150 g **Honig**

125 g **griechischer Joghurt**

1 EL **Vanilleextrakt**

2 **Eier** (Größe L)

1 mittelgroße, reife **Banane**, geschält und zerdrückt

1 kleine, reife **Avocado**, halbiert, entsteint, geschält und zerdrückt

100 g **Zartbitter-Schokoladenraspel**

Diese Brownies sind wirklich hinterhältig, und das meinen wir an dieser Stelle durchaus als Kompliment. Spinat und Avocado klingen normalerweise nicht so, als gehörten sie in ein Dessert, doch wer diese Köstlichkeit einmal probiert hat, wird seine Meinung sicherlich ändern. Sie steckt voller gesunder Früchte und Gemüse, kann es in puncto Saftigkeit und Geschmack aber mit jedem »normalen« Brownie aufnehmen. Wir behaupten ja nicht, dass es Zauberei sei, aber sagen wir mal so: Wir wären nicht allzu überrascht, wenn dieser Nachtisch neben Kürbissaft demnächst auf dem Speiseplan einer gewissen Zauberschule auftauchen würde ...

1 Den Backofen auf 175 °C vorheizen und die 12 Mulden einer Muffinform mit Papierförmchen auskleiden.

2 In einer großen Schüssel das Mehl und das Backpulver mit dem Kakao verrühren.

3 Spinat, Honig, Joghurt, Vanilleextrakt, Eier, Banane und Avocado in einen Mixer geben und zu einer sehr glatten Mischung pürieren. Die feuchten Zutaten zu den trockenen geben und mit einem Holzlöffel gerade so lange vermengen, bis alles gut vermischt ist. Die Schokoladenraspel unterrühren.

4 Den Teig mit einem Eisportionierer auf die Papierförmchen in der Muffinform verteilen. Die Brownies 20 bis 25 Minuten im Ofen backen; sie sind fertig, wenn an einem in der Mitte hineingesteckten Holzspieß kein Teig mehr hängen bleibt.

5 Die Muffinform auf ein Ofengitter stellen und die Brownies vor dem Servieren vollständig in der Form abkühlen lassen. In einem luftdicht verschlossenen Behälter halten sie sich im Kühlschrank bis zu 3 Tage lang.

Kokos-Reiswaffel-
Schokoriegel

Für 32 Stück

340 g **Bitterschokoladenraspel**

3 EL **Kokosöl**

150 g **Erdnüsse**, **Haselnüsse**
oder **Pistazien**, mit Honig geröstet und
fein gehackt
oder 20 g **gefriergetrocknete Erdbeeren**
oder **Heidelbeeren**, fein gehackt
oder 75 g **Kokosraspel**, geröstet
oder eine Mischung der genannten Zutaten
nach Wahl

8 **Reiswaffeln**

Meersalzflocken

Wer je an Halloween an der eigenen Haustür überfallen
worden ist, weiß, dass Puffreis und Schokolade eine un-
schlagbare Kombi sind und jeden nach Süßigkeiten betteln-
den Quälgeist zufriedenstellen. Die bescheidenen Reiswaffeln verleihen diesen Schokoriegeln im Nu die so überaus
wichtige Knusprigkeit, und durch das Verdünnen der Schokolade mit Kokosöl lassen sich die Reiswaffeln besser mit ihr
überziehen. Dann kommt das Beste: die Toppings! Du kannst
unsere Vorschläge ausprobieren oder wie ein verrückter
Wissenschaftler selbst experimentieren und eigene geniale
Verzierungen erfinden.

1 Schokoladenraspel und Kokosöl in eine mittelgroße, mikrowellengeeignete Schüssel geben und auf halber Stufe 5 Minuten in der Mikrowelle erhitzen – dabei einmal pro Minute
umrühren –, bis beides geschmolzen und eine glatte Mischung
entstanden ist. In ein hohes Gefäß füllen, das sich zum Dippen
eignet.

2 Ein Backblech mit Alufolie belegen. Die gewählten Toppings auf
Teller verteilen. Jede Reiswaffel in 4 Stücke brechen und jedes
Stück bis zur Hälfte in die Schokoladenmischung tauchen.
Überschüssige Schokolade abtropfen lassen. Solange die
Schokolade noch warm ist, die Reiswaffelstücke in den Top-
pings wenden. Auf das vorbereitete Backblech legen, mit Meer-
salzflocken bestreuen und vor dem Servieren rund 5 Minuten
kühl stellen, damit die Schokolade fest werden kann.

Danksagung

Beitragende

Tiffany Lo
Claire Nolan
Alix Traeger
Crystal Hatch
Rachel Gaewski
Katie Aubin
Chris Salicrup
Merle O'Neal
Jordan Kenna
Gwenaelle Le Cochennec
Alvin Zhou
Robin Broadfoot
Ellie Holland
Alexa D'Argenio
Marissa Buie
Julie Klink
Joey Firoben
Camille Bergerson
Kahnita Wilkerson
Emily DePaula
Ashley McCollum

Wir danken allen Bloggern, Köchen und Rezeptentwicklern, die uns zu einigen Rezepten in diesem Buch inspiriert haben:

- Shrimp-and-Pork Egg Rolls, *Souped Up Recipes* (Garnelen-Schweine-fleisch-Frühlingsrollen, S. 100)
- Taco-Night Crunch Wrap, *Twisted* (Taco-Dinner-Crunchwrap, S. 104)
- Watermelon Salad with Spinach and Mango, *Healthy Women* (Wassermelonensalat mit Spinat und Mango, S. 120)
- Middle Eastern Pita Salad, *The Mediterranean Dish* (Nahöstlicher Pitasalat, S. 140)
- Buffalo Chickpea Wraps, *Minimalist Baker* (Tomate-Kichererbsen-Wrap, S. 162)

Foodstyling und Foodfotografie

Lauren Volo
Monica Pierini
Maeve Sheridan
Leila Clifford
Andie McMahon
Christina Zhang
Erica Santiago
Veronica Spera

Wir danken allen bei Clarkson Porter:

Amanda Englander
Gabrielle Van Tassel
Stephanie Huntwork
Sonia Persad
Jan Derevjanik
Mark McCauslin
Ivy McFadden
Derek Gullino
Neil Spitkovsky
Nick Patton
Merri Ann Morrell
Kate Tyler
Erica Gelbard
Windy Dorresteyn
Stephanie Davis
Aaron Wehner
Doris Cooper
Jill Flaxman

Originalrezeptentwickler

Ben Mims

Rezepttesterin

Susan Phuong My Vu

Register